チャンキー松本の

チョキチョキ切りえ教室

シンプル
なのに
びっくり
アート！

チャンキー松本 作

太郎次郎社エディタス

朝《あさ》の会《かい》

切《き》り絵《え》って、ハサミと紙《かみ》があれば、どこでもできる。
ぼくは旅《たび》にでたら、どこでも切《き》り絵《え》やってるなー。
いざかやさんでおっちゃんのにがお絵《え》切《き》ったら、
「先生《せんせい》、おれいにおさけ、ごちそうするわ！」って言《い》われたり。
知《し》らん人《ひと》ともなかよくなれたり、これも切《き》り絵《え》げいのおかげや。

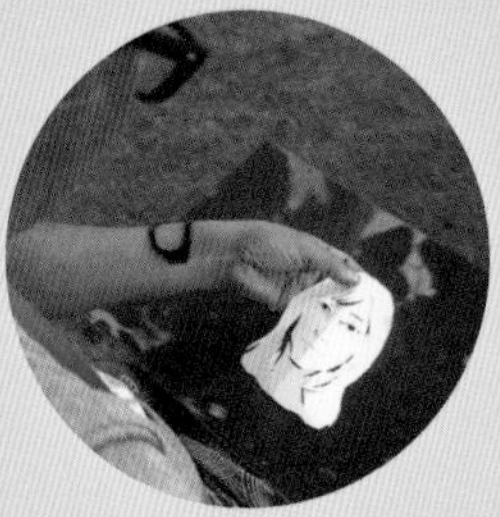

そうやってどこでも切《き》れるようになるために、
くんれんやと思《おも》って、ハサミで毎日《まいにち》切《き》り絵《え》をつくってます。
毎日《まいにち》やってるから、ハサミと紙《かみ》を手《て》にすると、すぐに手《て》がうごくんや。

よく、「チャンキーさんって、切《き》るまえはなに考《かんが》えてるの？」ってしつもんされます。
じつは、あんまし考《かんが》えてません。
ハサミうごかしてたら、何《なに》かが生《う》まれてくるじしんがあるから、
こわがることなく、すぐに切《き》りはじめます。
あかんかったら、やりなおせばええしね。

そうやって切《き》ってると、ジョキジョキっていう
切《き》ってる音《おと》しか耳《みみ》に入《はい》らんときがあります。
手《て》が頭《あたま》よりちょいさきにうごいてて、わっ！　できてもた！　ってときがあって。
すごいしゅうちゅうしてるんやろね。そりゃーええ気《き》分《ぶん》ですよ。

ハサミをつかって紙《かみ》を切《き》る。もうそれだけで、ストレスもちょっとはなくなっちゃう。

まあ、やってみましょか。ぼちぼちと、ええかげんに。


この本《ほん》でつかうどうぐをしょうかいしますね。

まずはハサミ！　手《て》の大《おお》きさにあってる、もったときに、これがええって感《かん》じるハサミがいいよ。

ゆびを切《き》ったりしないよう、つかうときは気《き》をつけて、ゆっくりうごかすべし！

つぎにおり紙《がみ》。いまならどこにでもありますね。もちろん百円《ひゃくえん》ショップにも。

うらが白《しろ》いおり紙《がみ》をえらびましょう。うらの白《しろ》だってつかっちゃうから。

あとは色画用紙《いろがようし》。できあがった切《き》り絵《え》を色画用紙《いろがようし》にのせたり、
色画用紙《いろがようし》で立体《りったい》切《き》り絵《え》をつくったりもするよ。

のりもよういしよう。スティックのりがべんりやね。手《て》にのりがつかないから。

のりがつくと、切《き》った紙《かみ》がゆびについてきて、じゃまになるんだ。

紙《かみ》をまっすぐきれいにはれるのりがあるから、さがしてみてね。

えんぴつもあればいいね。切《き》り絵《え》の下書《したが》きにつかいます。


これだけそろえれば、あとはぼくといっしょに切《き》るだけだ！

あ、ゴミばこもよういしよー。切《き》りくずもでるから。

おかあさんに手《て》つだわせないで、自分《じぶん》でそうじするんだよ。


さあ、はじまるでー、はじまるよー！

きみならできる、チョッキン、チョッキン、切《き》り絵《え》アワーや！

時《じ》間《かん》割《わり》

2時《じ》間《かん》目《め》 チョッキンぱっ、なんのかたち？

3時《じ》間《かん》目《め》 へんしーん！

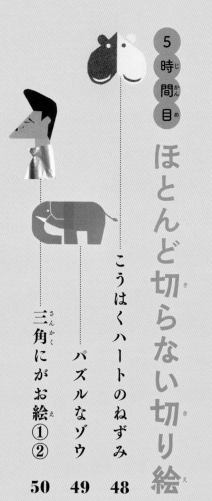

6時《じ》間《かん》目《め》 そうぞう力《りょく》で見《み》てみよう

ほうかご 切《き》り絵《え》歌《うた》であそぼう 60

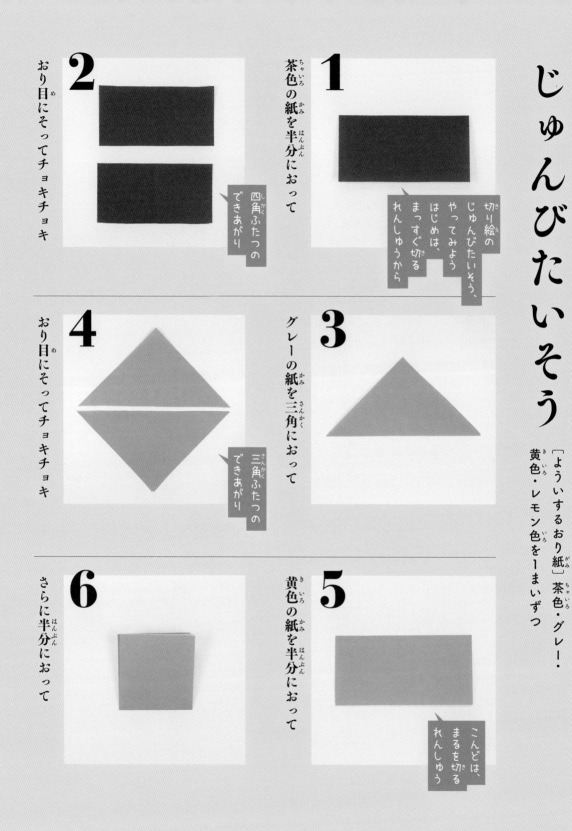

じゅんびたいそう

［よういするおり紙《がみ》］茶色《ちゃいろ》・グレー・黄色《きいろ》・レモン色《いろ》を1まいずつ

1 茶色《ちゃいろ》の紙《かみ》を半分《はんぶん》におって

切《き》り絵《え》のじゅんびたいそう、やってみよう
はじめは、まっすぐ切《き》るれんしゅうから

2 おり目《め》にそってチョキチョキ

四角《しかく》ふたつのできあがり

3 グレーの紙《かみ》を三角《さんかく》におって

4 おり目《め》にそってチョキチョキ

三角《さんかく》ふたつのできあがり

5 黄色《きいろ》の紙《かみ》を半分《はんぶん》におって

こんどは、まるを切《き》るれんしゅう

6 さらに半分《はんぶん》におって

7

紙《かみ》をもつ手《て》もつかって、
まーるくまがった線《せん》を切《き》ろう

切《き》り絵《え》を
するときは、
紙《かみ》をもつ手《て》も
うごかそうね
両手《りょうて》をうごかすんだ
リズムにのって、
チョキチョキチョキ

8

ひらけば、ほら、大《おお》きなまるだよ

9

三角《さんかく》、まる、四角《しかく》
こんにゃく、だいこん、ヒラ天《てん》

10

レモン色《いろ》でカラシも
切《き》りぬけば

むずかしかったら、
えんぴつで
下書《したが》きしてええよ

11

あったかいおでんの
できあがり！

1 時《じ》間《かん》目《め》 のっけてみたら、見《み》えてきた！

はながプリンの白《しろ》くま

［ようい するおり紙《がみ》］白《しろ》2まい、黒《くろ》1まい

1 白《しろ》い紙《かみ》を半分《はんぶん》におって

チャンキーの切《き》りえは、
半分《はんぶん》におって、
半分《はんぶん》こ のかたちを
切《き》るのがきほんやでー

2 こんなかたちを切《き》りぬこう

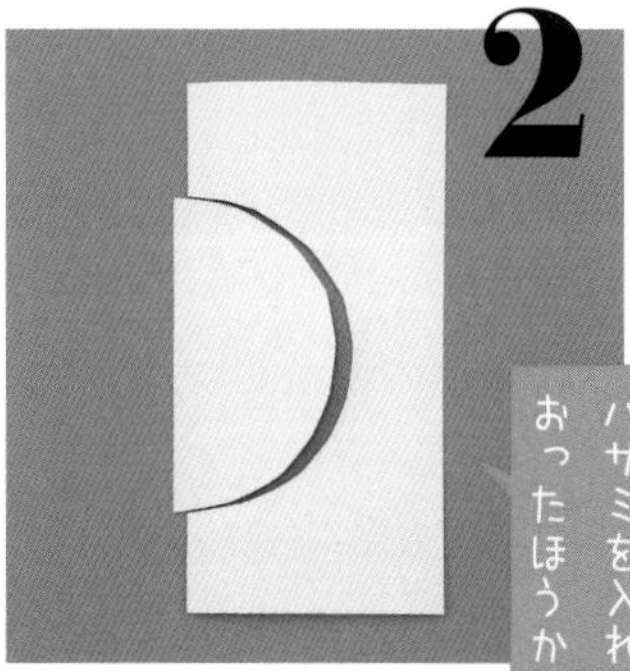

ハサミを入《い》れるのは
おったほうから

3 ひらいたら、白《しろ》いまる

4 あまったところに、小《ちい》さなお山《やま》を1こ切《き》ってみたら

あらふしぎ、
2こできた

5 まるのてっぺんにくっつける

6

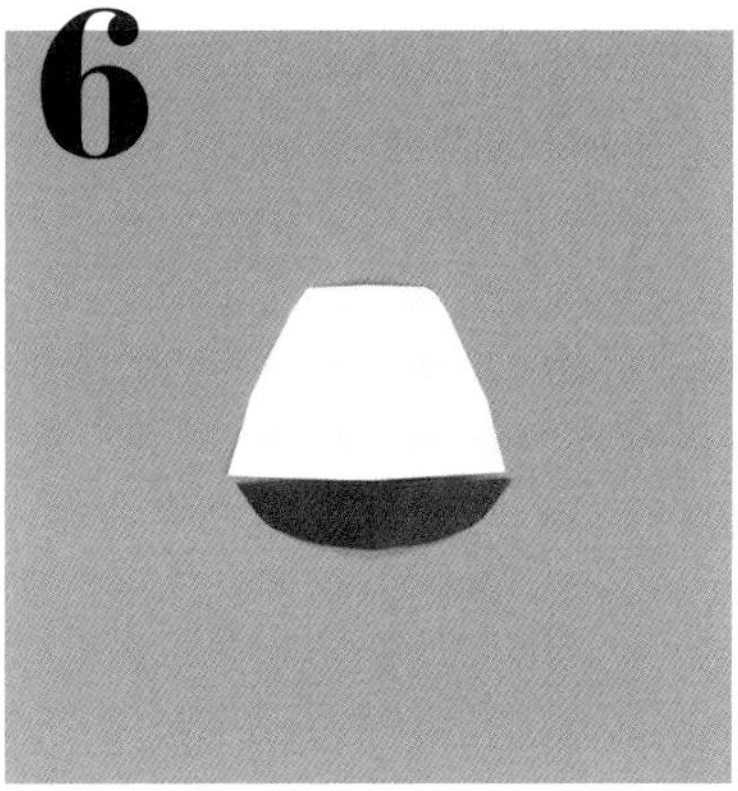

黒《くろ》い紙《かみ》でおさらを切《き》って、白《しろ》い紙《かみ》で切《き》ったプリンをのせたら

7

まるのまんなかにおいてみよう

8

あまった黒《くろ》い紙《かみ》で、小《ちい》さなまるをふたつ切《き》って、さっきのプリンの左右《さゆう》におこう

あら、なんかに見《み》えてきた

9

もう1まいの白《しろ》い紙《かみ》で、大《おお》きなお山《やま》を切《き》るよ

10

お顔《かお》とお山《やま》をくっつけてみたら

白《しろ》くまさんよ！

おにぎりパンダ

［よういするおり紙《がみ》］白《しろ》1まい、黒《くろ》2まい

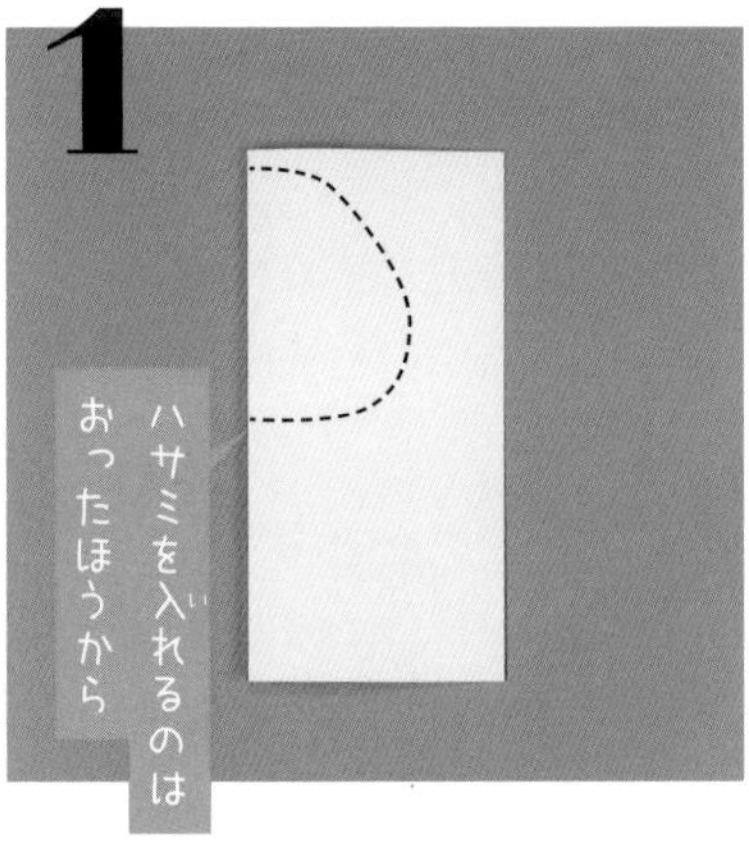
1
ハサミを入《い》れるのは
おったほうから

白《しろ》い紙《かみ》を半分《はんぶん》におって、
こんなかたちを切《き》ってみよう

2

ひらいたら、
三角《さんかく》おにぎりのできあがり

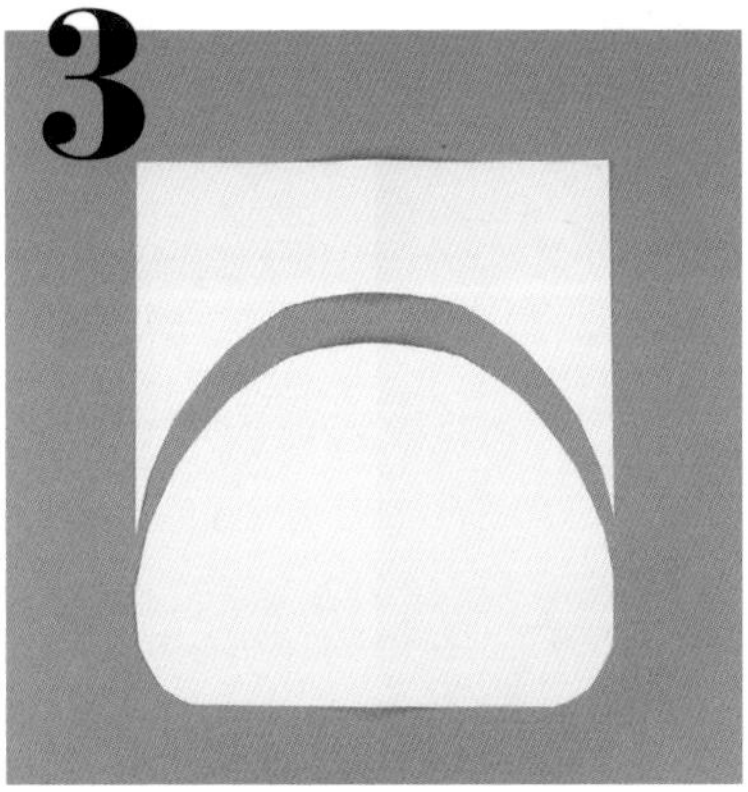
3

こんどは、黒《くろ》い紙《かみ》をうらがえして、
大《おお》きな三角《さんかく》おにぎりを切《き》る

4

このおにぎりにのりをまこう
のこった紙《かみ》をひっくりかえして

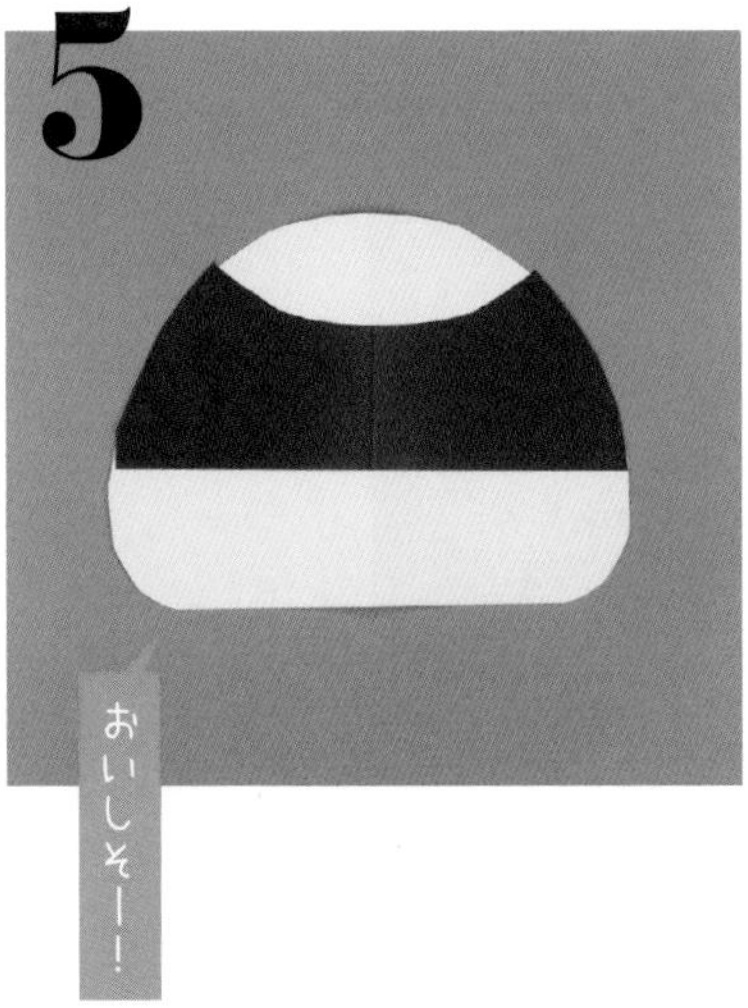
5
おいしそー！

はみだしたところは切《き》りおとす

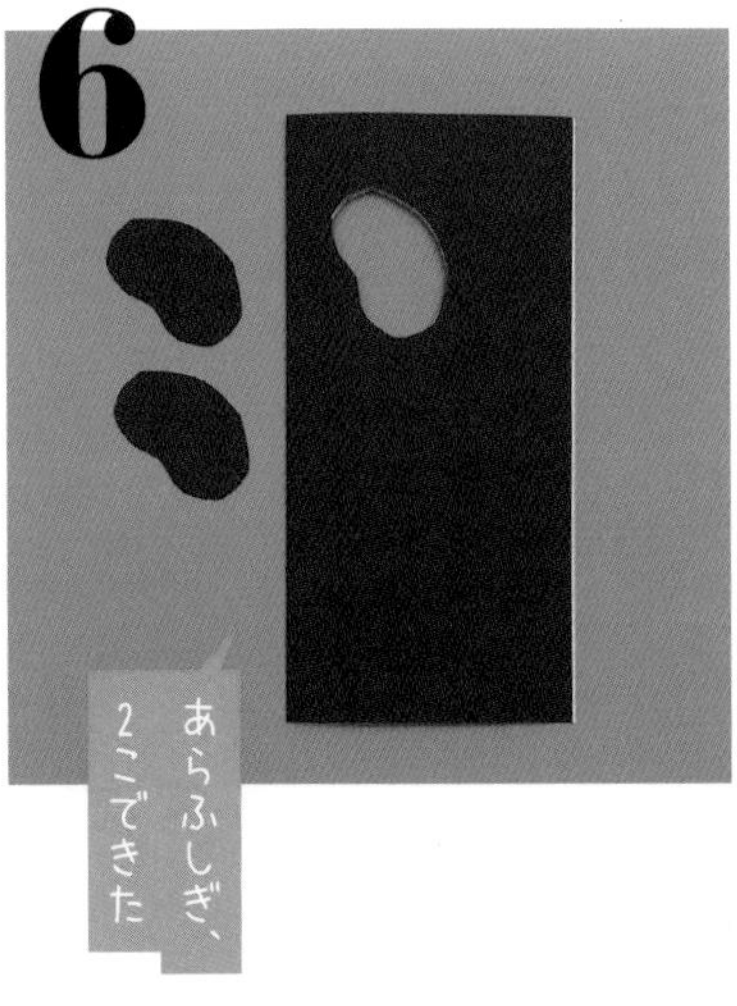
6
あらふしぎ、
2こできた

黒《くろ》い紙《かみ》で、そらまめ切《き》ってみよー
おった紙《かみ》で1こ切《き》ってみたら

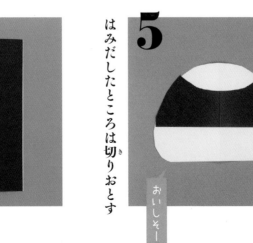

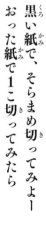

7

つぎは小《ちい》さな三角《さんかく》を切《き》ってみて

8

あら、なんかに見《み》えてきた

小《ちい》さなおにぎりに、そらまめ2こと船《ふね》ひとつ、のせてみて

9

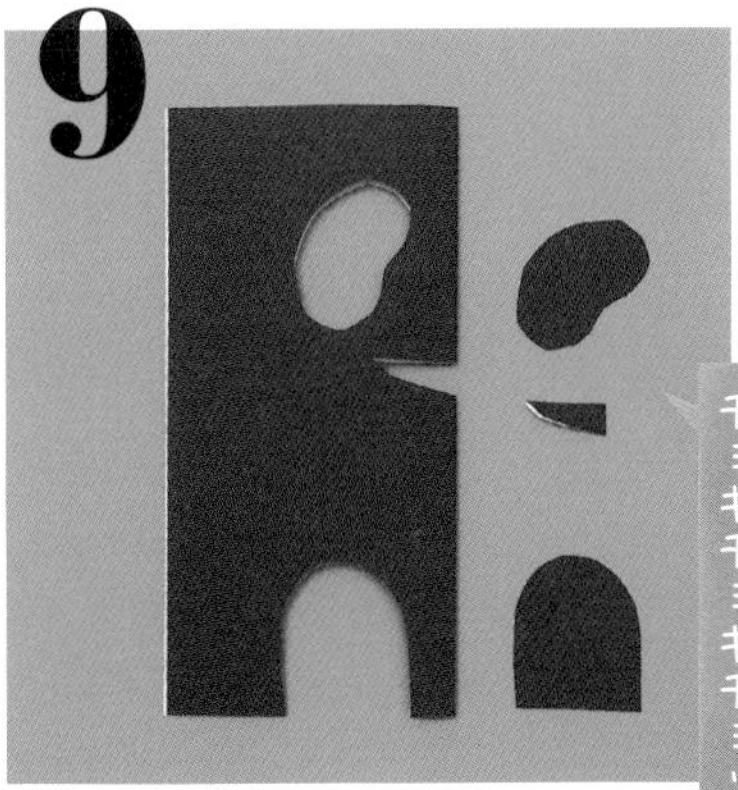
チョキチョキチョッキン

でも、なんか足《た》りないよ!
そうそう耳《みみ》だ、黒《くろ》いまるい耳《みみ》

10

そー!
パンダちゃんや!

耳《みみ》をふたつつけたら、見《み》えてきたやろ?

11

小《ちい》さなおにぎりに、大《おお》きなおにぎりちょっとかさねて

ふりむきパンダのできあがり!

3の顔《かお》のライオン

［ようするおり紙《がみ》］黄色《きいろ》2まい、茶色《ちゃいろ》1まい

1 黄色《きいろ》い紙《かみ》を半分《はんぶん》におって

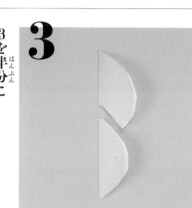

2 数字《すうじ》の3みたいなかたちを切《き》って

ハサミを入《い》れるのは
おったほうから

3 3を半分《はんぶん》こ

4 ひらいたら、下《した》だけ紙《かみ》をひっくりかえす

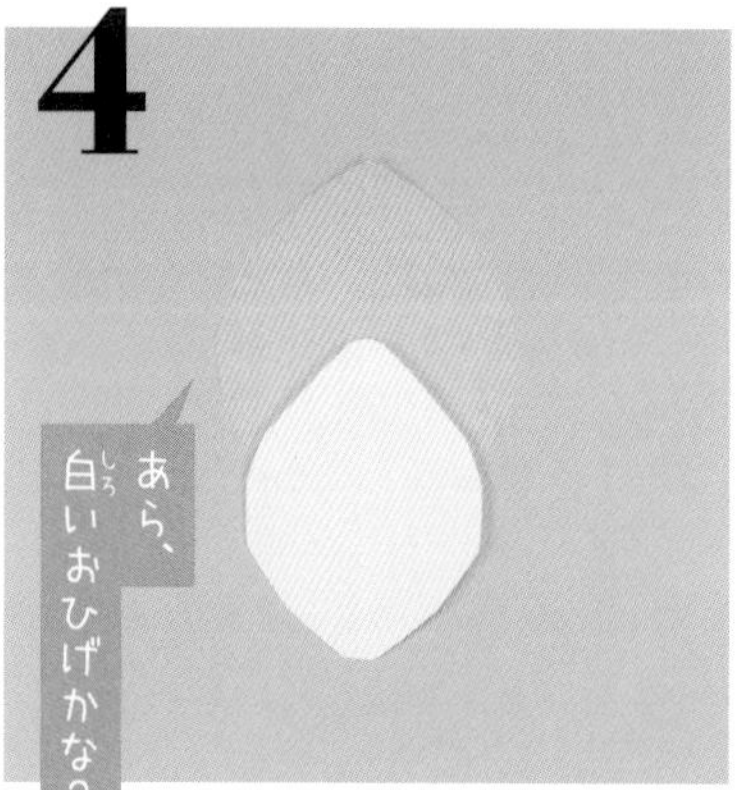
あら、
白《しろ》いおひげかな？

5 つぎは、茶色《ちゃいろ》の紙《かみ》を半分《はんぶん》におって角《かど》のところから、三角《さんかく》をふたつ切《き》りおとす

切《き》ってひらくと
こんなかたち

6 さっきのと合体《がったい》してみよー

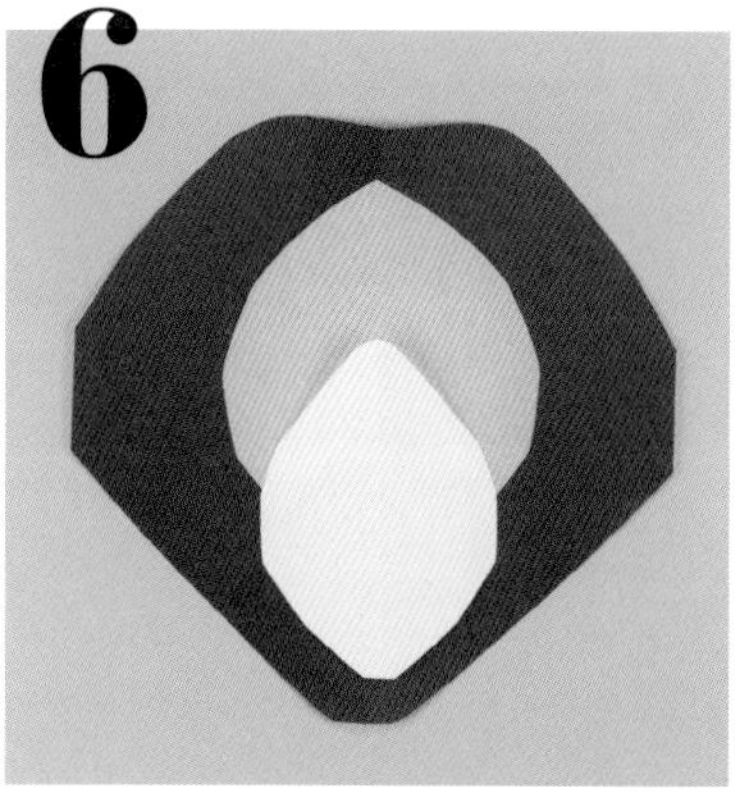

7

黄色《きいろ》い耳《みみ》ふたつ

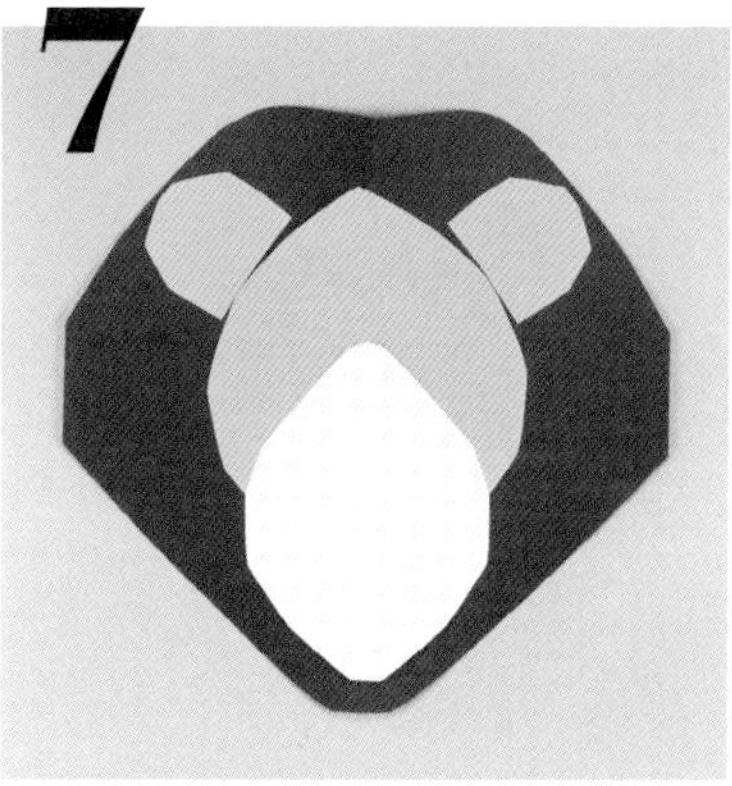

8

目《め》も三角《さんかく》、鼻《はな》も三角《さんかく》、
ガオーとほえる口《くち》つけて

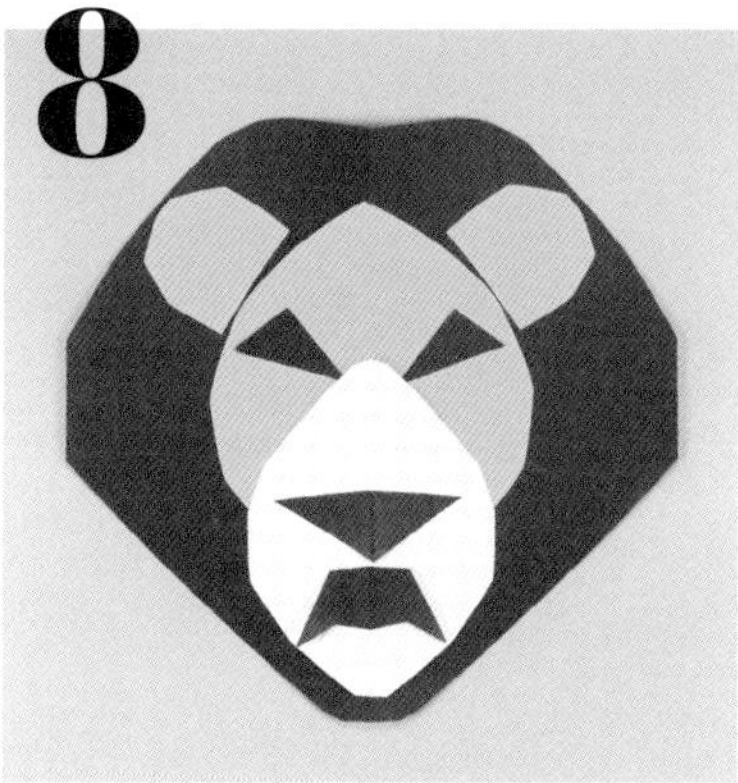

9

ギザギザのたてがみ、
チョキチョキ切《き》って

10

黄色《きいろ》い紙《かみ》を、
ピアノみたいなかたちに切《き》って

むずかしかったら、
えんぴつで
下書《したが》きしてや

11

のこった紙《かみ》で、
大《おお》きな前足《まえあし》と
後《うし》ろ足《あし》、
おじぎした
しっぽも切《き》ろう

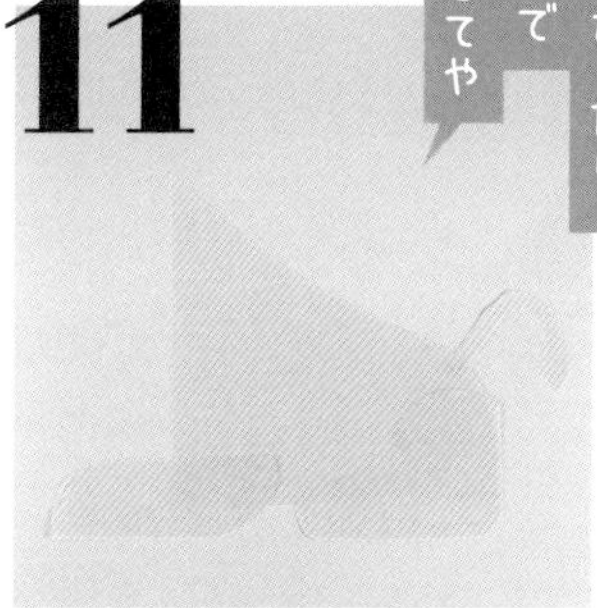

12

顔《かお》とくっつけたら

ひるねから
めざめた
ライオンや！

星《ほし》から生《う》まれた朝《あさ》顔《がお》

［ようい するおり紙《がみ》］ピンク・むらさき・白《しろ》を1まいずつ、みどり2まい

1

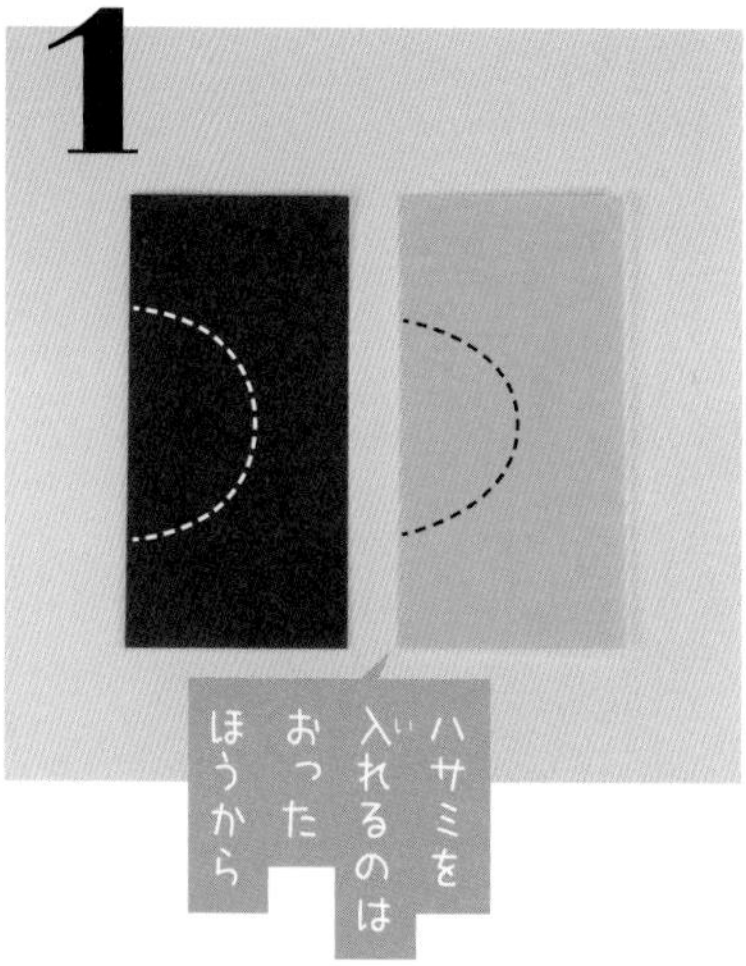
ハサミを
入《い》れるのは
おった
ほうから

ピンクとむらさきの紙《かみ》を半分《はんぶん》に
おって、こんなかたちを切《き》ろう

2

ひらいたら、
2色《しょく》のまるのできあがり

3

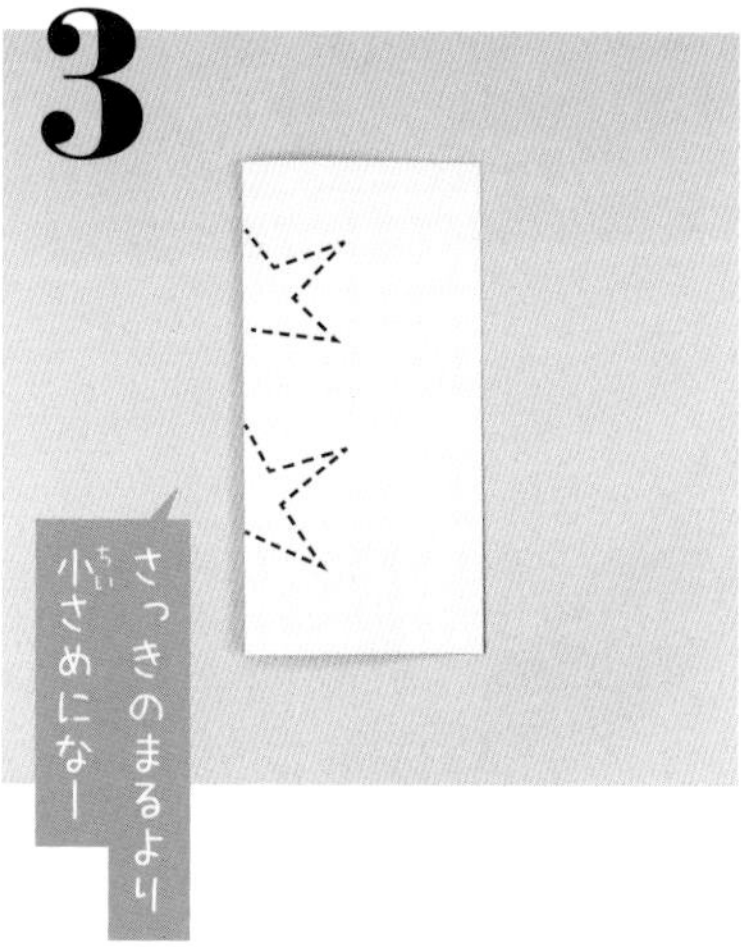
さっきのまるより
小《ちい》さめになー

白《しろ》い紙《かみ》を半分《はんぶん》におって、
こんなかたちを切《き》ろう

4

ちがうものにも
見《み》えるような

ひらいてのせたら、
まるのなかで光《ひか》る星《ほし》

5

1まい切《き》ったら、
2まいのはっぱ

みどりの紙《かみ》を2まいかさねて半分《はんぶん》に
おって、こんなかたちを切《き》りぬいて

6

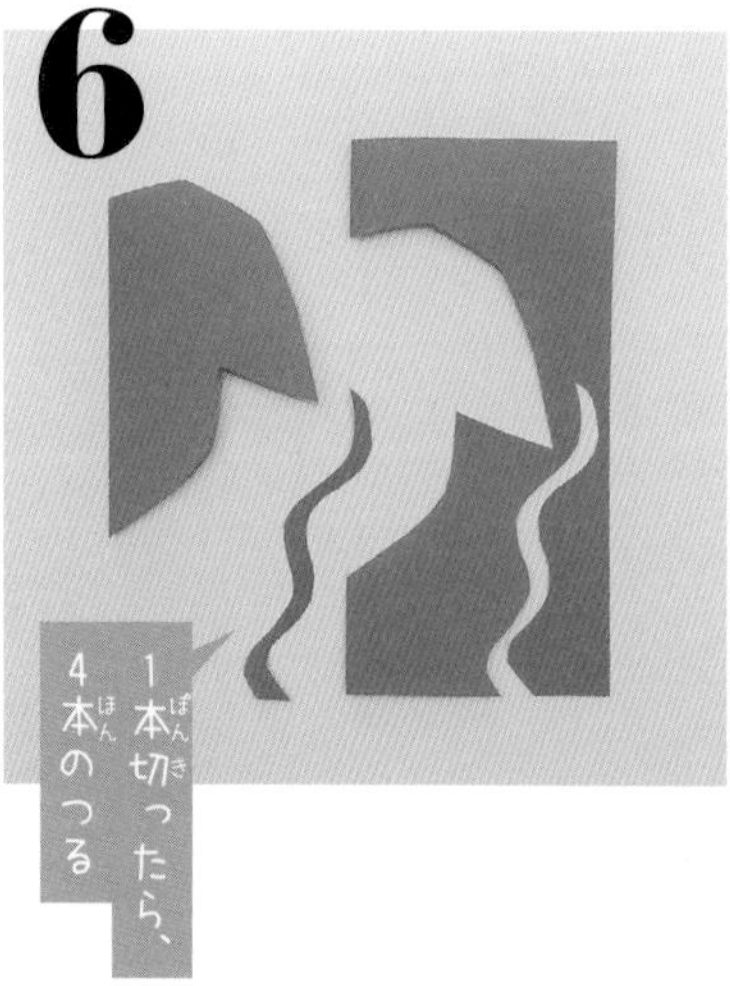
1本《ぽん》切《き》ったら、
4本《ほん》のつる

あいているところで、
くねくね切《き》って

7

まる、星《ほし》、はっぱ、つる、
じゅんばんにならべたら

ピンク、むらさき、
朝顔《あさがお》が、夏《なつ》の朝《あさ》に
さいている♪

色《いろ》のこと

子《こ》どものころからずっと、色《いろ》をつかうのがにがてでした。水《すい》さい絵《え》のぐだと、色《いろ》と色《いろ》がまじってきたなくなるし、色《いろ》えんぴつだって、50色《しょく》とかやと、つかわん色《いろ》のほうが多《おお》いやん、と思《おも》っていた。学校《がっこう》で色《いろ》のことをべんきょうしても、よくわかりませんでした。

さいきんやっと、色《いろ》のことでなやまなくなりました。色《いろ》は、4色《しょく》か5色《しょく》あればいい。その日《ひ》の気分《きぶん》で、すきな色《いろ》をえらべばええやんって気《き》づいた。空《そら》やからといって青《あお》でなくてもええ、黄色《きいろ》でもええし、とにかく色《いろ》を5色《しょく》えらんで、そんなかでかけばええと。見《み》たままそっくりにかくわけでもないしと。

切《き》り絵《え》でつかってるおり紙《がみ》も同《おな》じです。でも、おり紙《がみ》はらくやなあ。おり紙《がみ》にはすでに色《いろ》がついてるから、まぜなくてもええし、自分《じぶん》で新《あたら》しい色《いろ》をつくらんでも、色《いろ》がいっぱいあるんやしね。

イナズマの日《ひ》のスイカ

［よういするおり紙《がみ》］みどり・赤《あか》・黒《くろ》を1まいずつ

1

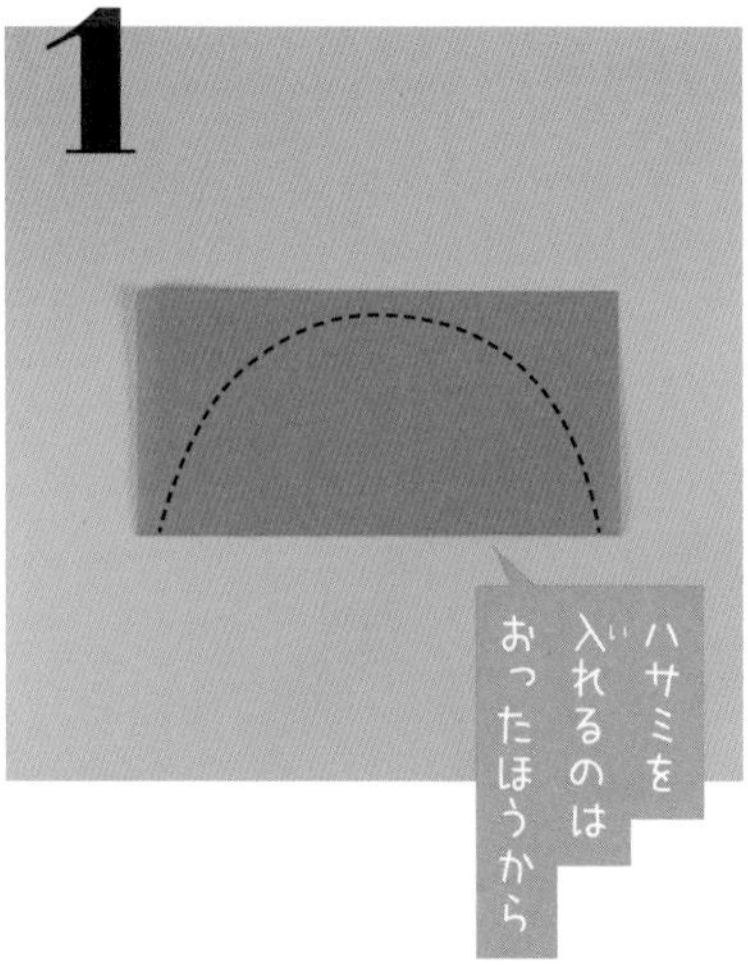
ハサミを
入《い》れるのは
おったほうから

みどりの紙《かみ》を半分《はんぶん》におって、こんなかたちを切《き》ろう

2

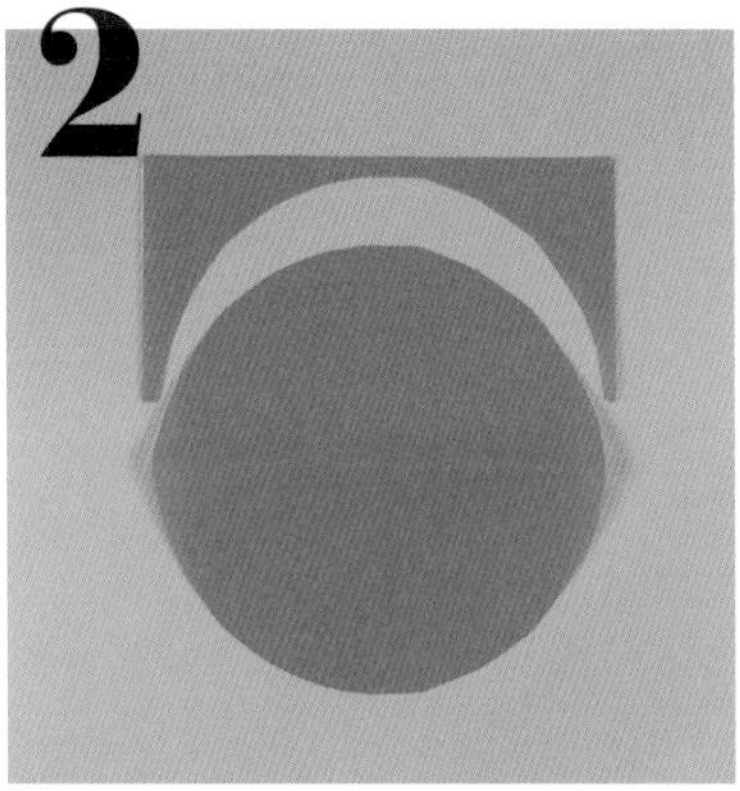

ひらいたら、ほら、まるができたやろ

3

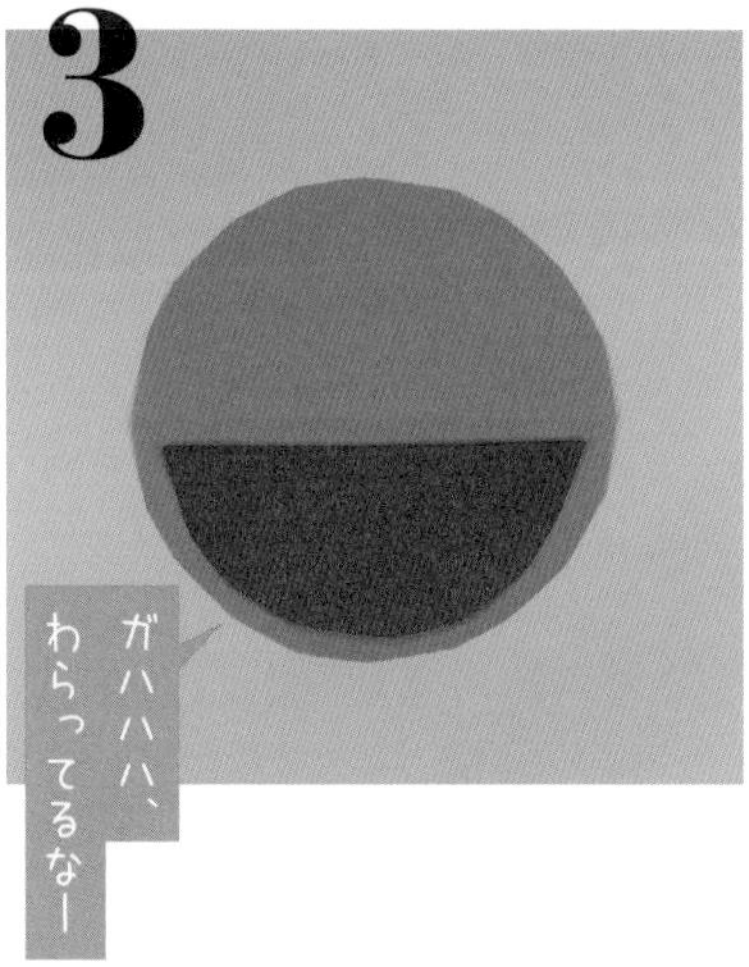
ガハハハ、
わらってるなー

みどりのまるを顔《かお》やと思《おも》って、赤《あか》い紙《かみ》で、大《おお》きな口《くち》を切《き》ってみよう

4

ギザギザ、
キリキリ、
かっこいい
イナズマや

黒《くろ》い紙《かみ》を半分《はんぶん》におって、イナズマを切《き》りぬこう

5

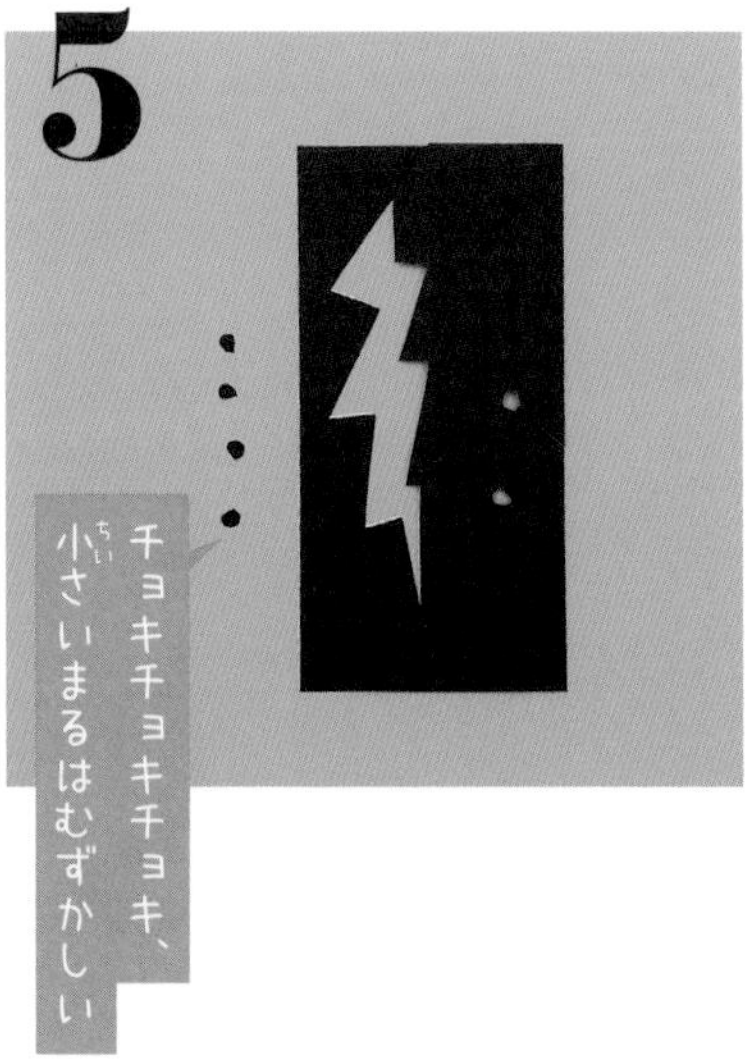
チョキチョキチョキ、
小《ちい》さいまるはむずかしい

あまった黒《くろ》で、ごまを切《き》ろう

6

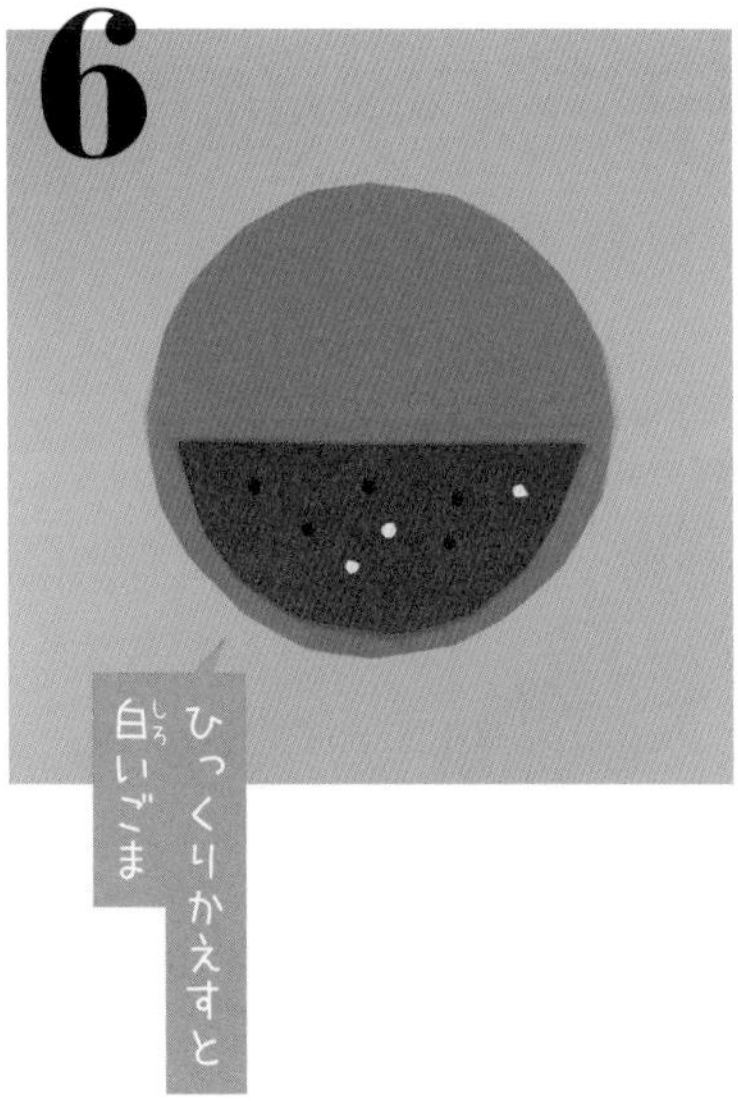
ひっくりかえすと
白《しろ》いごま

わらってる赤《あか》い口《くち》に、黒《くろ》いごま、さっさっ、ふりかけて

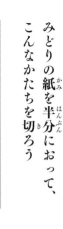

7

イナズマ、ピカピカ、走《はし》らせて

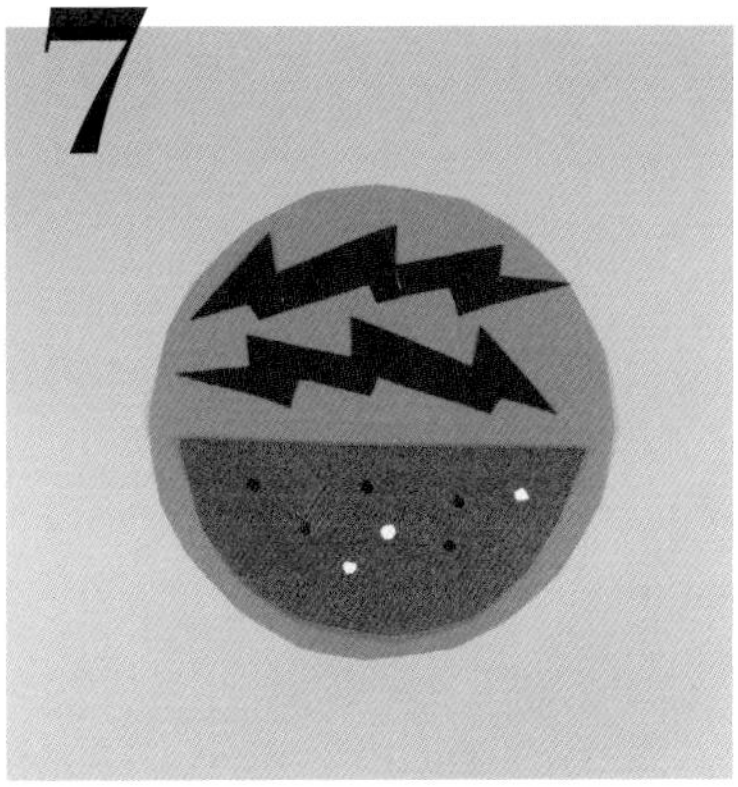

8

みどりの紙《かみ》のあまりで、
つるを切《き》ってくっつけたら

カットしたスイカを
そえてもいいね

はい、スイカのできあがり
しっかりひやして、めしあがれ

ピンクの家《いえ》はショートケーキ

［ようい するおり紙《がみ》］
ピンク1まい、赤《あか》2まい

1

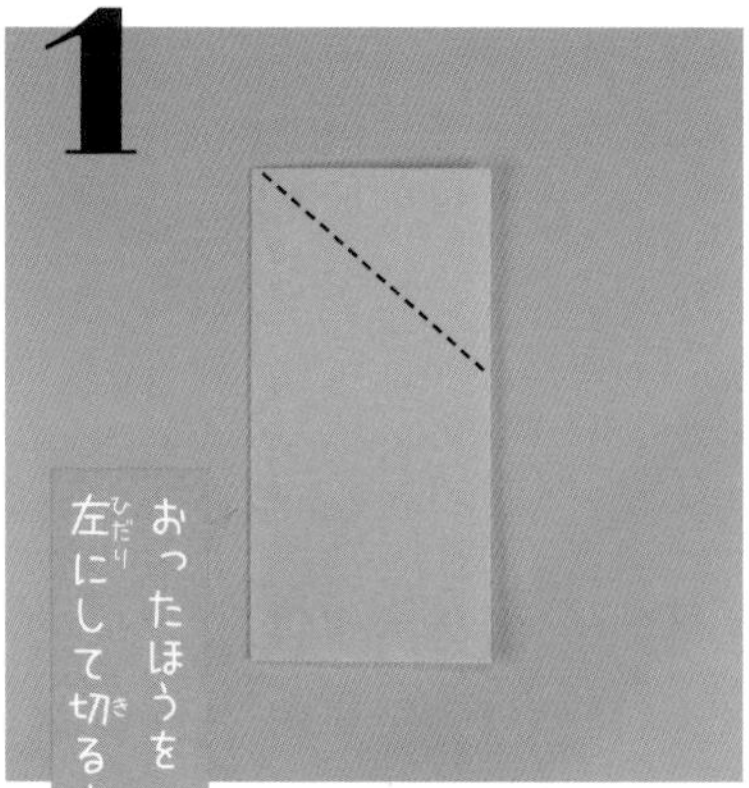

ピンクの紙《かみ》を半分《はんぶん》におって、
こんなかたちを切《き》ってみて

おったほうを
左《ひだり》にして切《き》るよ

2

ひらいたら、ほら、
おうちになった

3

おやねを切《き》って、
うらがえしたら

白《しろ》いおやねと
ピンクのかべの、
小《ちい》さなおうちの
できあがり

4

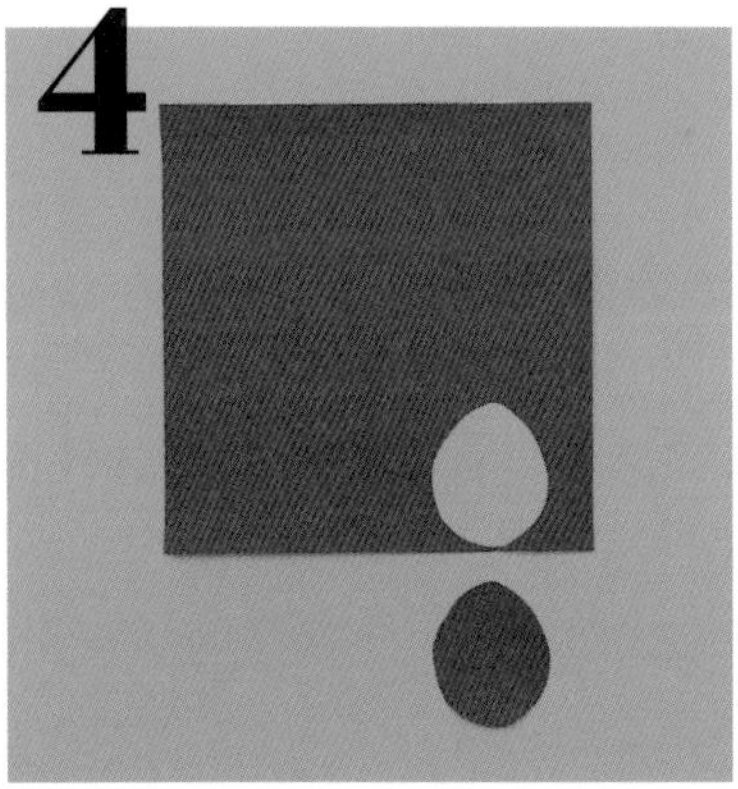

赤《あか》い紙《かみ》で、
大《だい》すきないちごを切《き》りぬいて

5

さっきのおうちにのっけてみよう

6

赤《あか》い紙《かみ》を半分《はんぶん》におって、
めがねのかたちに切《き》ってみて

7

ひらいたら、ほら、
ふたごのまっ赤《か》なサングラス

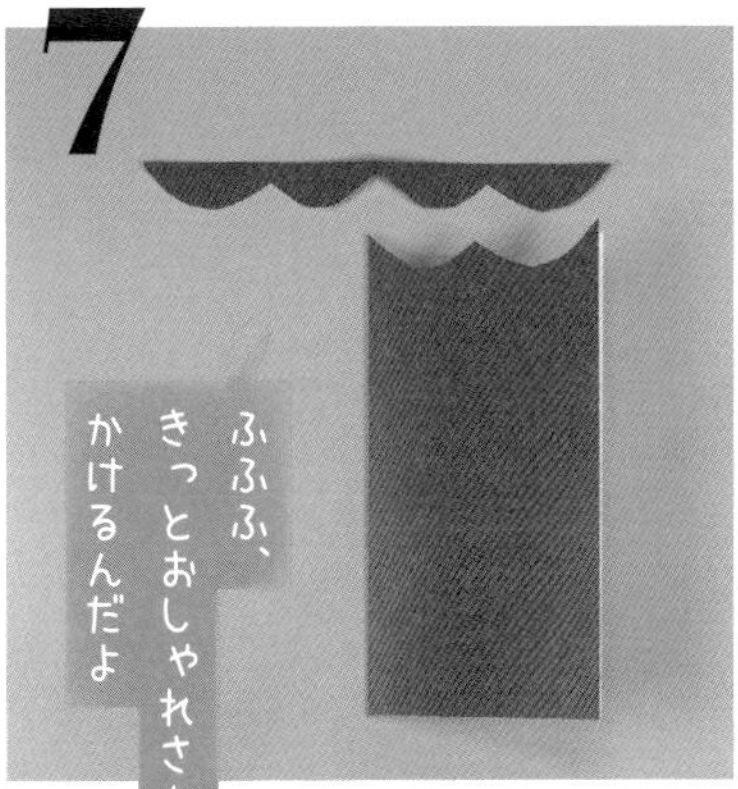
ふふふ、
きっとおしゃれさんが
かけるんだよ

8

と思《おも》ったら、
おうちがかけた

あら、
ケーキに見《み》えてきた

9

あまった赤《あか》い紙《かみ》も、
うらがえして切《き》って、
サングラスをはさんだら

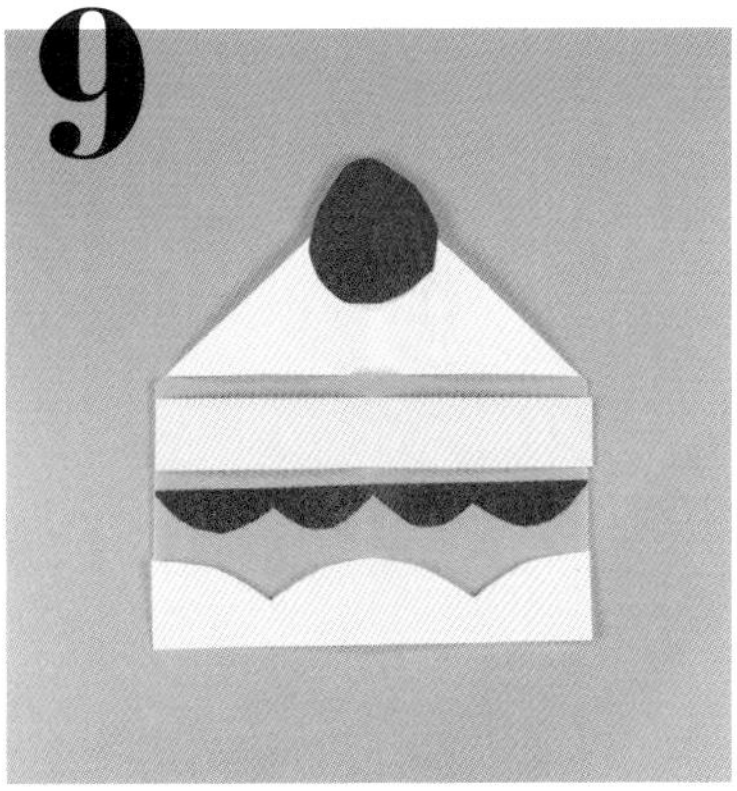

10

フォークも切《き》って、
はい、めしあがれ

ロウソクたてたら、
バースデーケーキ

フッ そう、
けせます

いちごと生《なま》クリーム
いっぱいの
ショートケーキや

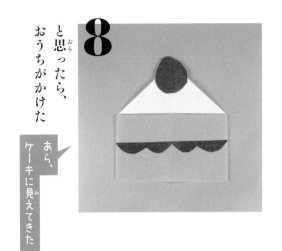

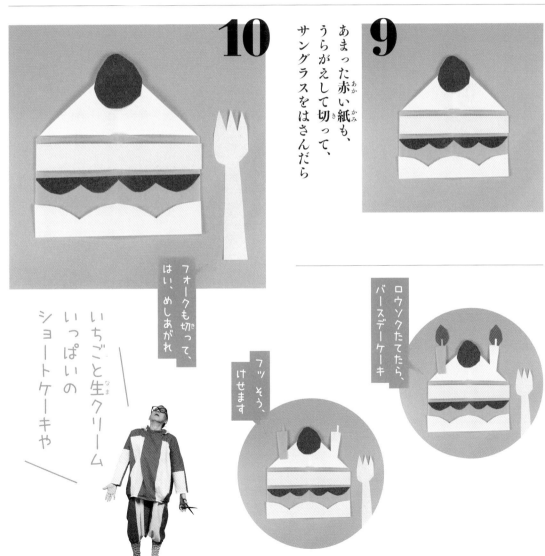

三角《さんかく》でカニ

［ようするおり紙《がみ》］赤《あか》1まい

1 赤《あか》い紙《かみ》を三角《さんかく》におって

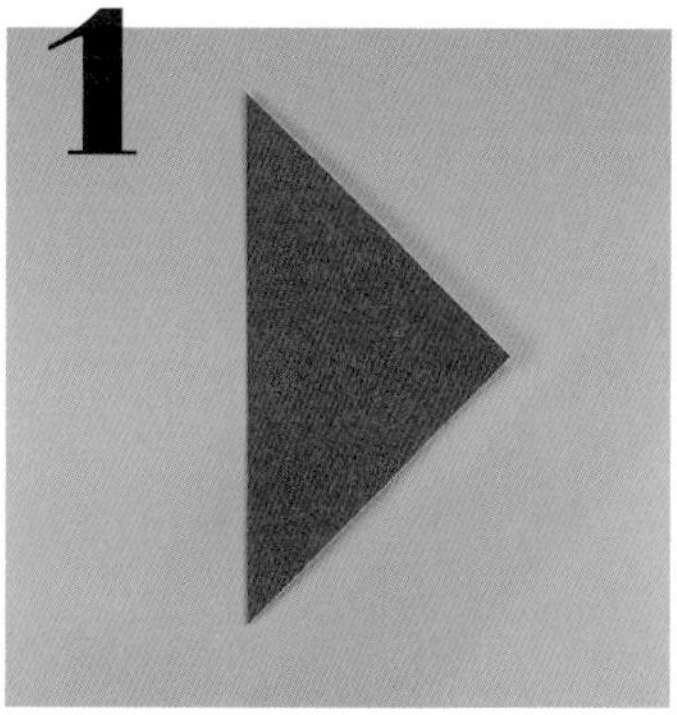

2 おったほうから、三角《さんかく》3つ、チョキチョキチョキン

ポチっとイボだけのこしてね

えんぴつで下《した》書《が》きしたら、切《き》りやすいかな

3 外《そと》がわからも三角《さんかく》チョキン

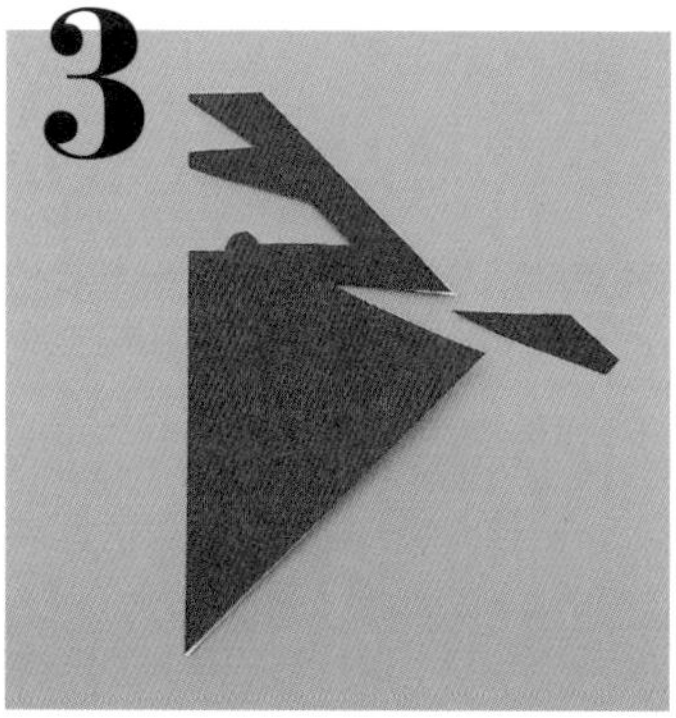

4 つづけて三角《さんかく》4つ切《き》りぬいて、さいごに下《した》の角《かど》を切《き》りおとす

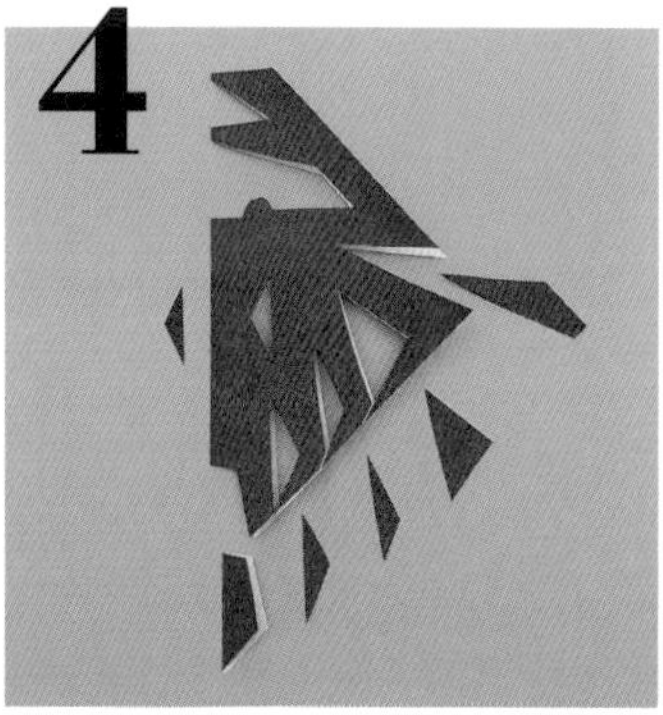

5

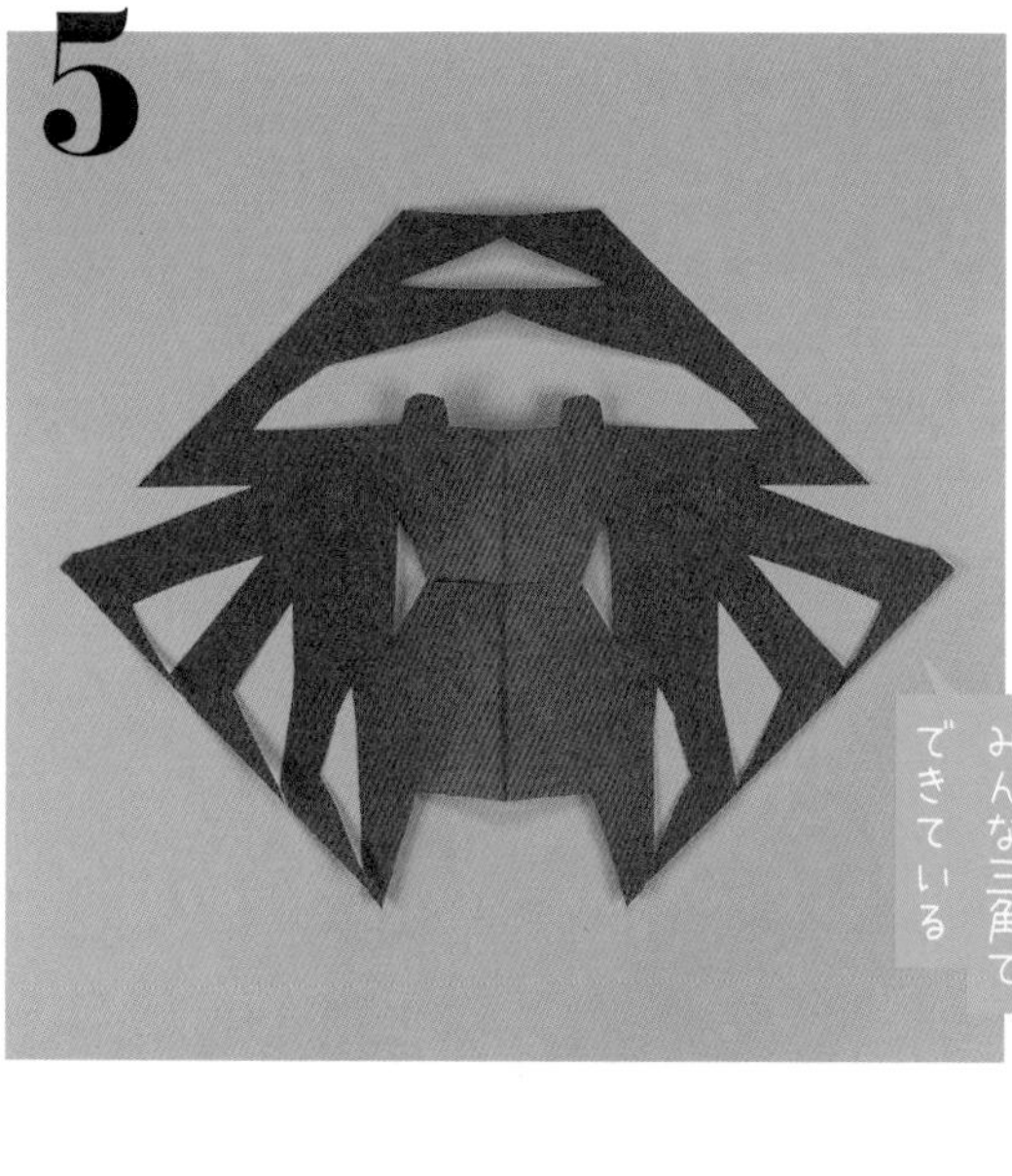

チョッキンぱっ！カニのできあがり みんな三角《さんかく》でできている

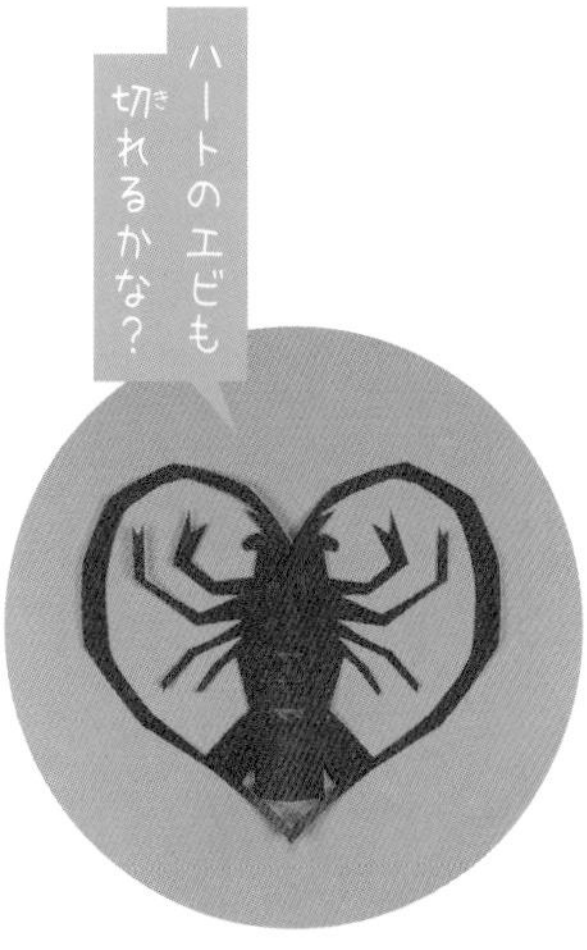

ハートのエビも切《き》れるかな？

カエルとびます

［よういするもの］みどりの画用紙《がようし》1まい、ピンクのおり紙《がみ》1まい

1

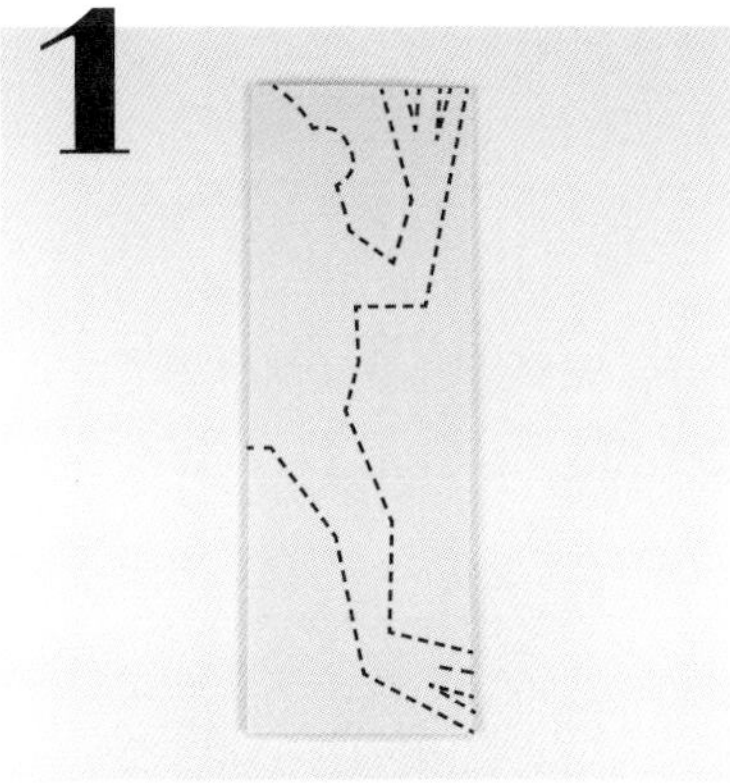

みどりの画用紙《がようし》を半分《はんぶん》におって、
こんなかたちを切《き》ろう

2

ひらいたら、カエルになった？

3

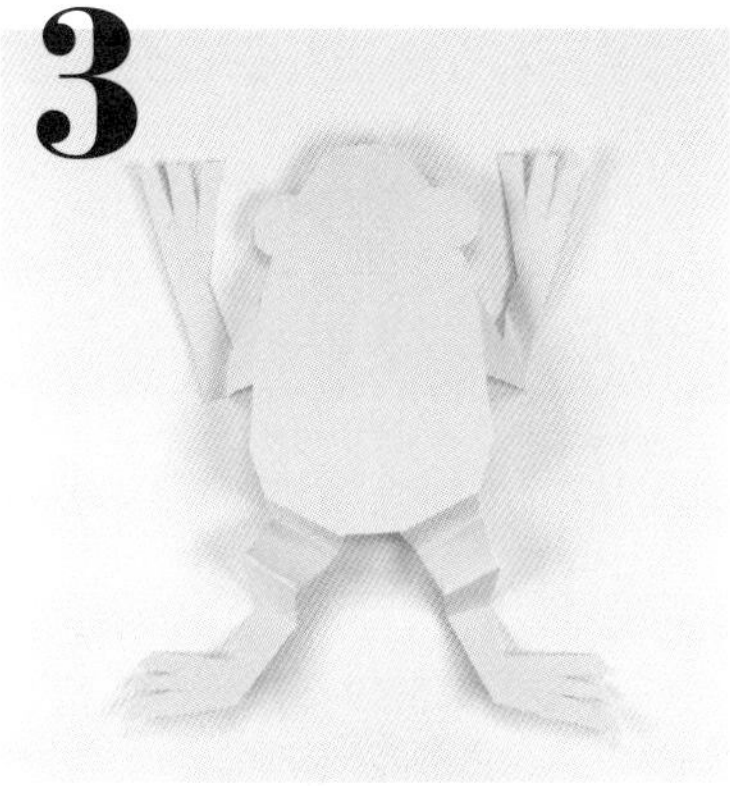

のびた後《うし》ろ足《あし》を、
じゃばらおりでたたんでみよう

4

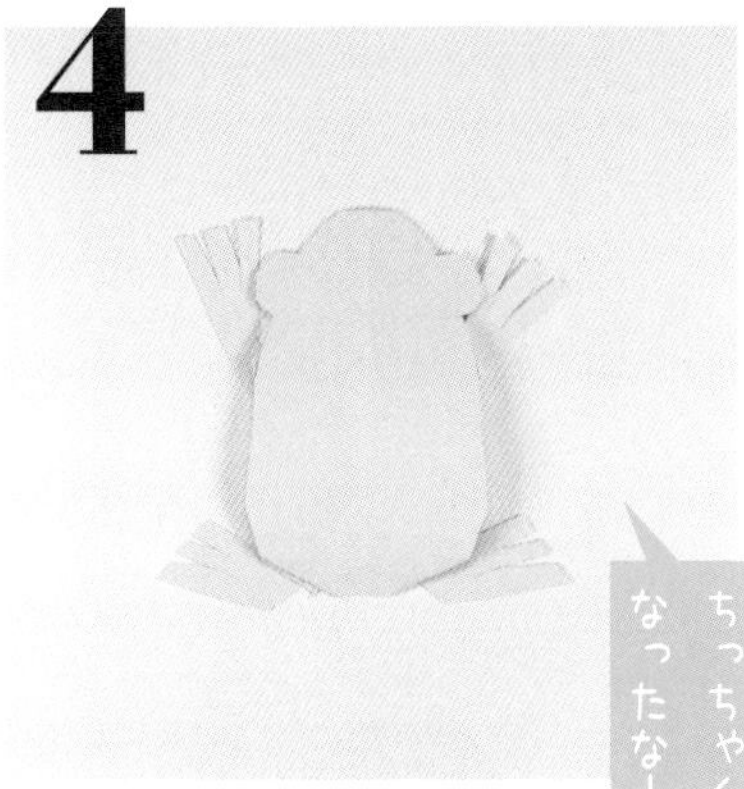

前足《まえあし》も上《うえ》むきにたたんでみよう

ちっちゃく
なったなー

5

ピンクのおり紙《がみ》で、
おめめを切《き》ってつけたら

おしりをゆびで
おさえて、
はなしてごらん

6

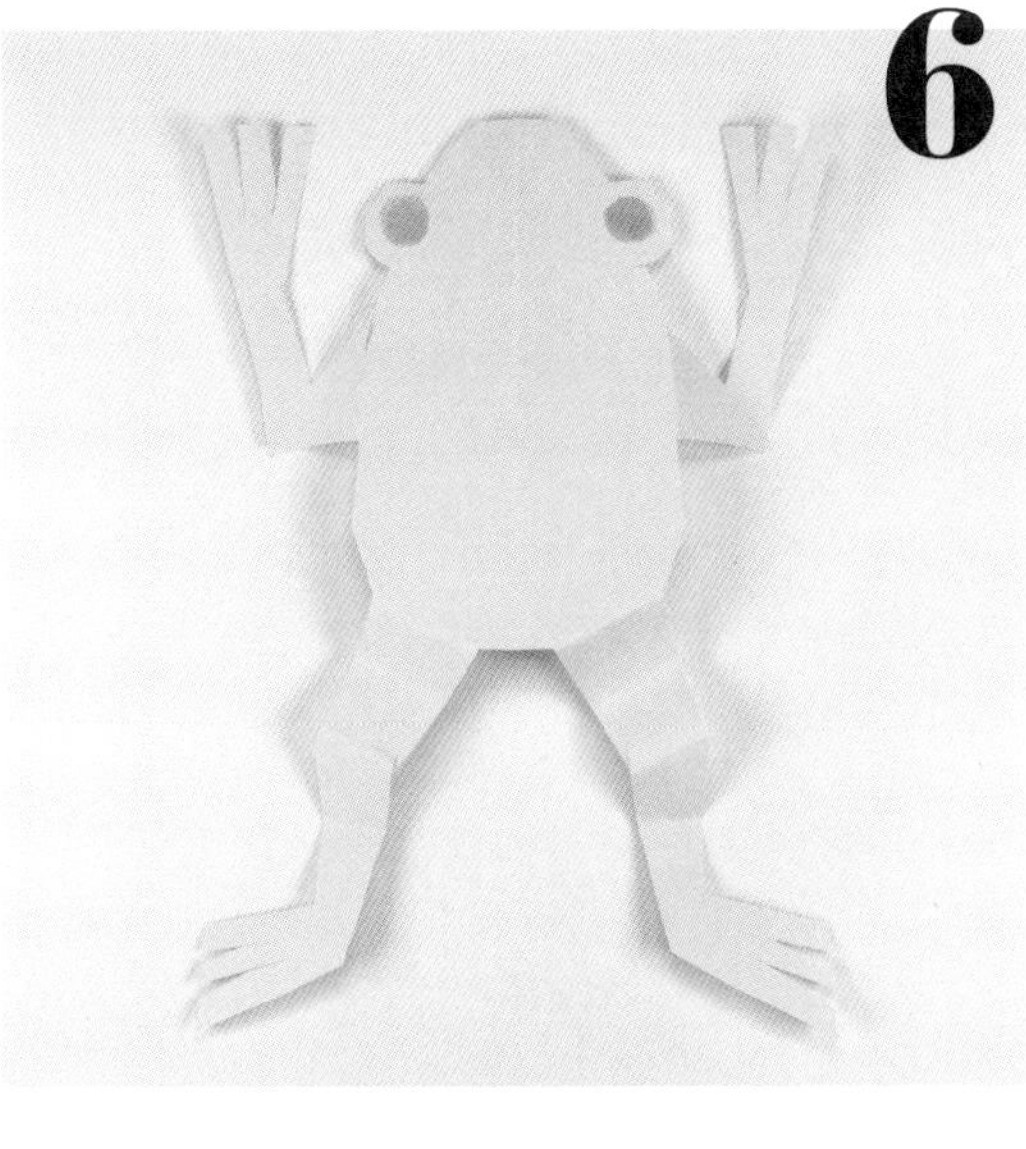

ぴよーん！
ぴよーん！
ジャンプするで、
カエルちゃん

ロボット通天閣《つうてんかく》

［ようい するおり紙《がみ》］黄色《きいろ》2まい、ピンク1まい

1

黄色《きいろ》い紙《かみ》を半分《はんぶん》におって、ギザギザに切《き》ろう

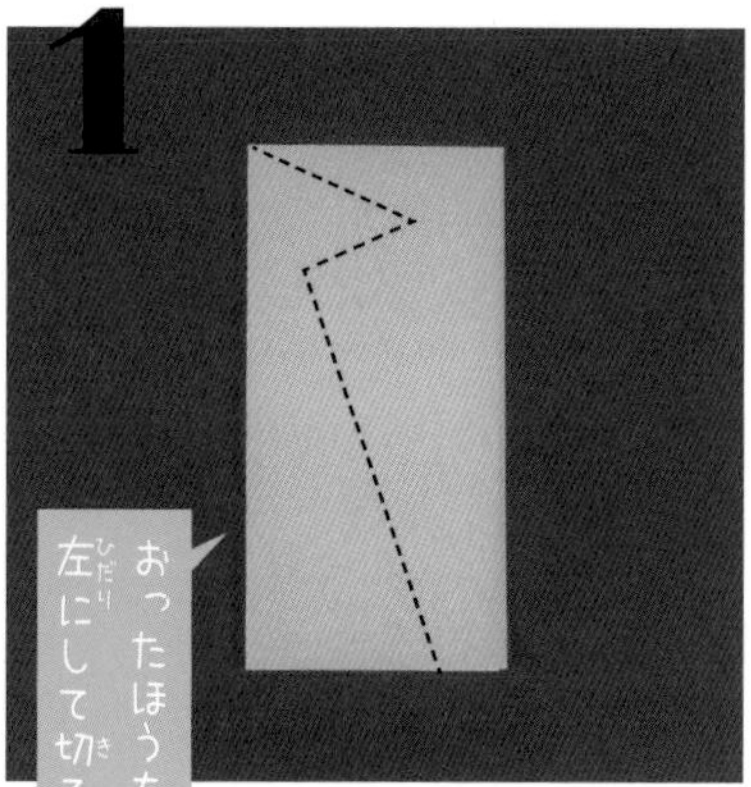

おったほうを左《ひだり》にして切《き》るよ

2

ひらいたら、ネクタイか？

3

下《した》から三角《さんかく》を切《き》りとって

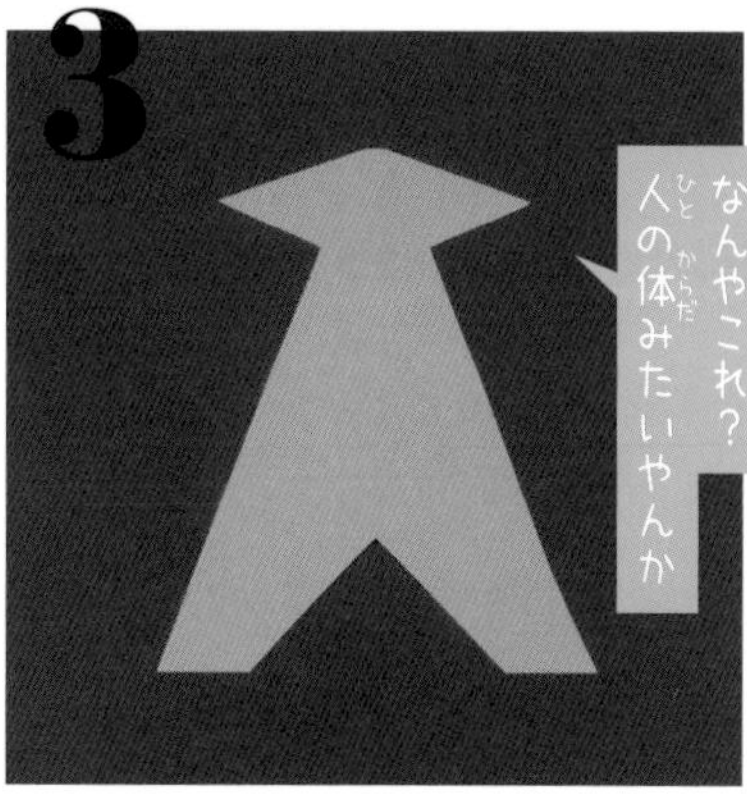

なんやこれ？人《ひと》の体《からだ》みたいやんか

4

もう1まいの黄色《きいろ》い紙《かみ》を半分《はんぶん》におって、こんなかたちを切《き》ろう

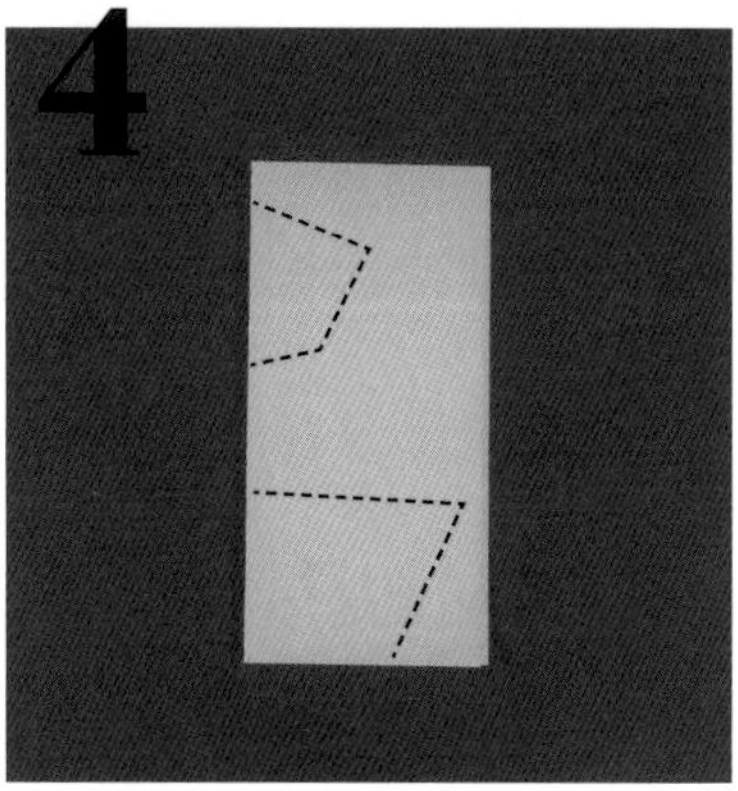

5

さっきの体《からだ》と合体《がったい》させて、ピンクの紙《かみ》で、目《め》ともようをつける

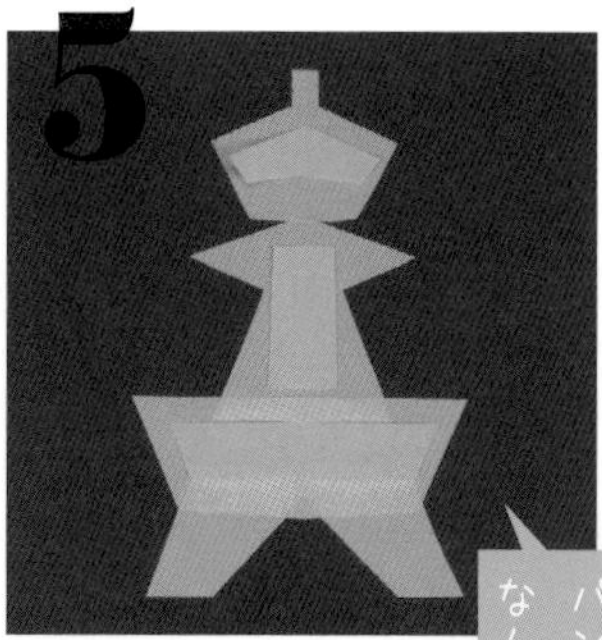

角《つの》が生《は》えた四角《しかく》い頭《あたま》パンツもはいて、なんやロボットみたいやな

6

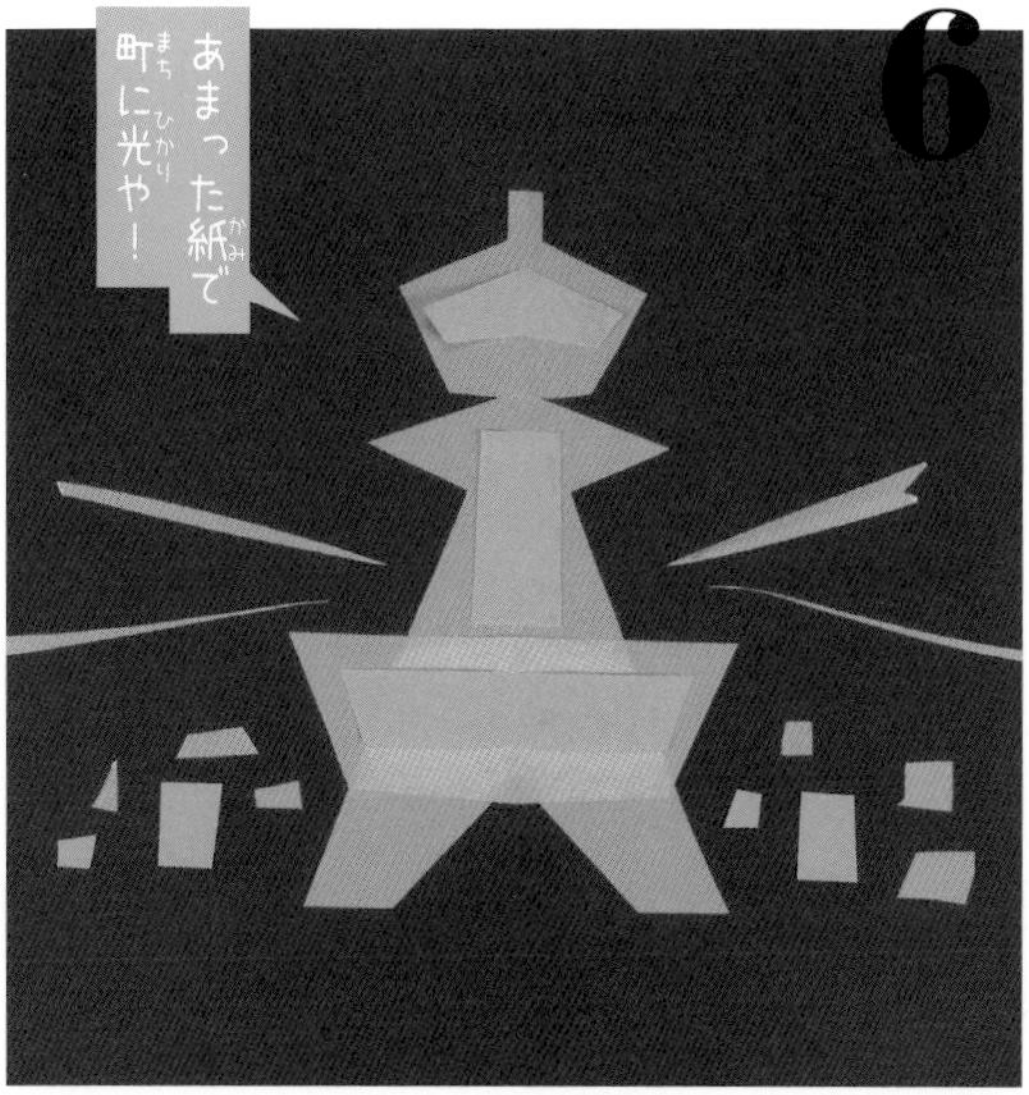

あまった紙《かみ》で町《まち》に光《ひかり》や！

これが大阪名物《おおさかめいぶつ》、通天閣《つうてんかく》や！

つないで高《たか》い東京《とうきょう》タワー

［ようい するおり紙《がみ》］
赤《あか》2まい、黄色《きいろ》1まい

1

赤《あか》い紙《かみ》を2まい、半分《はんぶん》におって

2

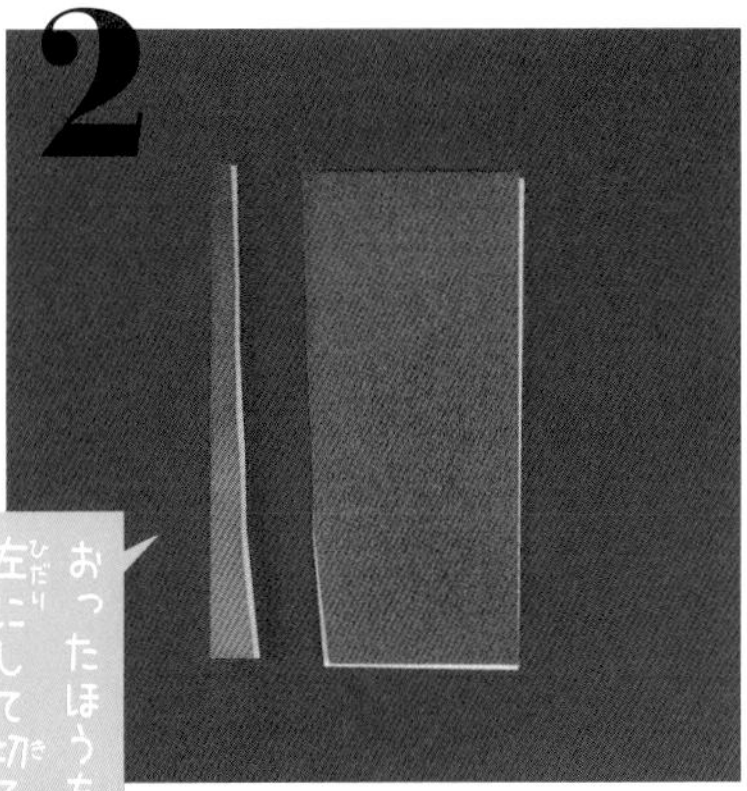
おったほうを左《ひだり》にして切《き》るよ

1まいをこんなかたちに切《き》ろう

3

もう1まいはこんなかたちに

4

先《さき》っぽも切《き》って、高《たか》く高《たか》くのばして

切《き》ったらひらいて、たてにつなげる

5

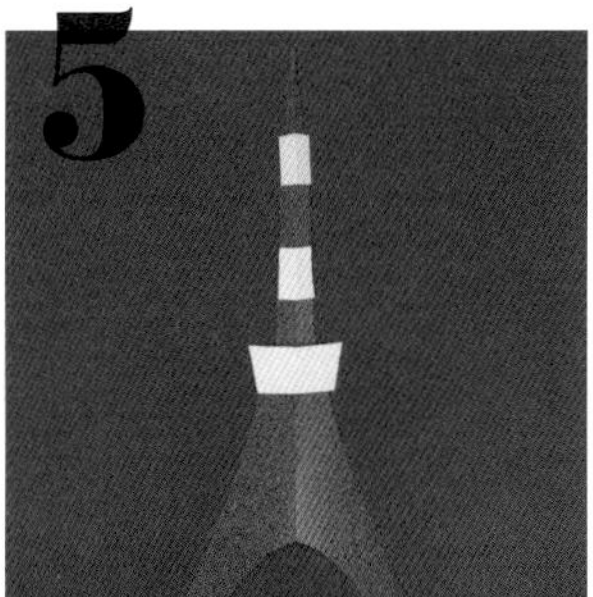

赤《あか》だけじゃさびしいから、うらがえした白《しろ》でかざろう

6

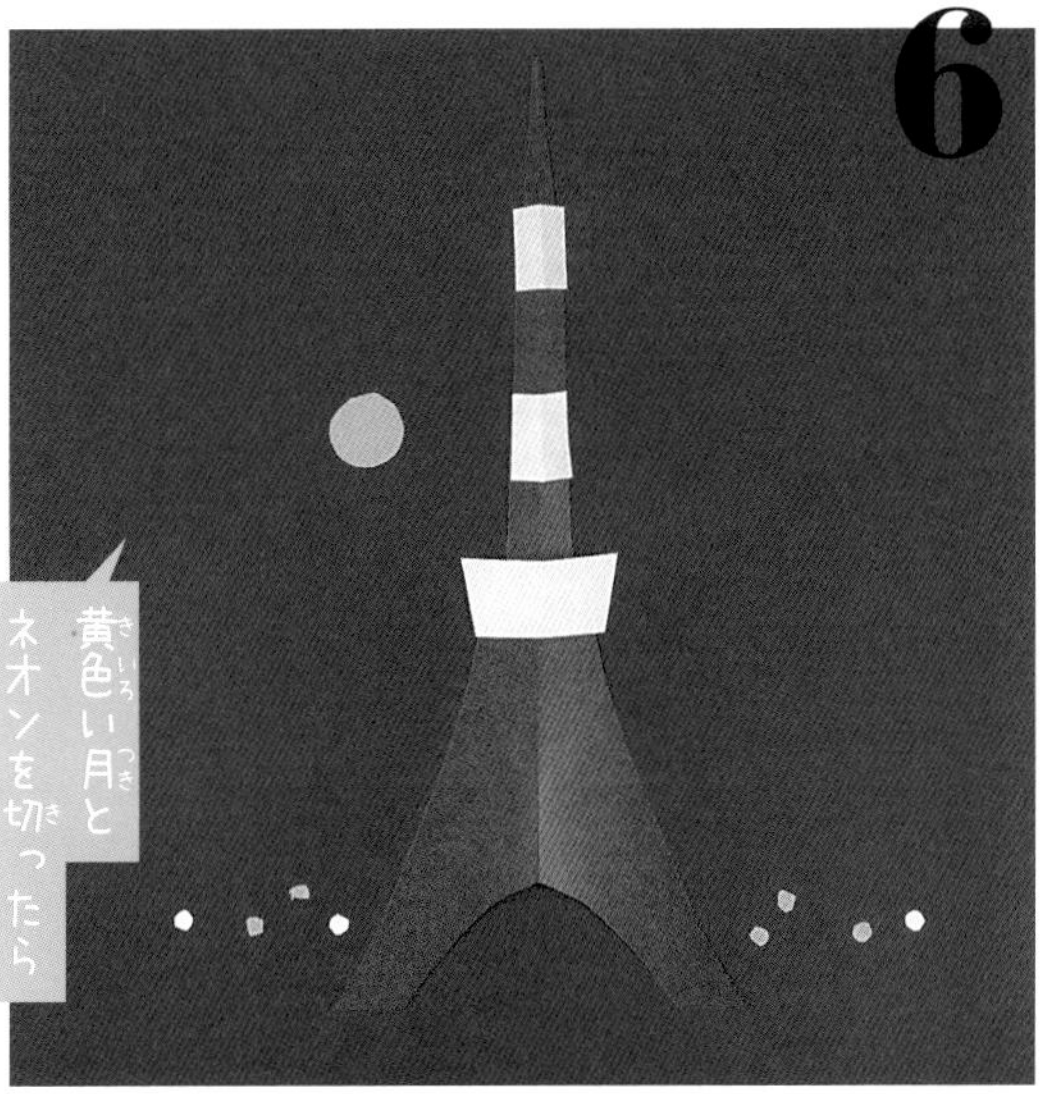
黄色《きいろ》い月《つき》とネオンを切《き》ったら

大都会《だいとかい》、東京《とうきょう》タワーさ

きせかえこけし

［ようい するおり紙《がみ》］ピンク・黒《くろ》・赤《あか》を1まいずつ

1

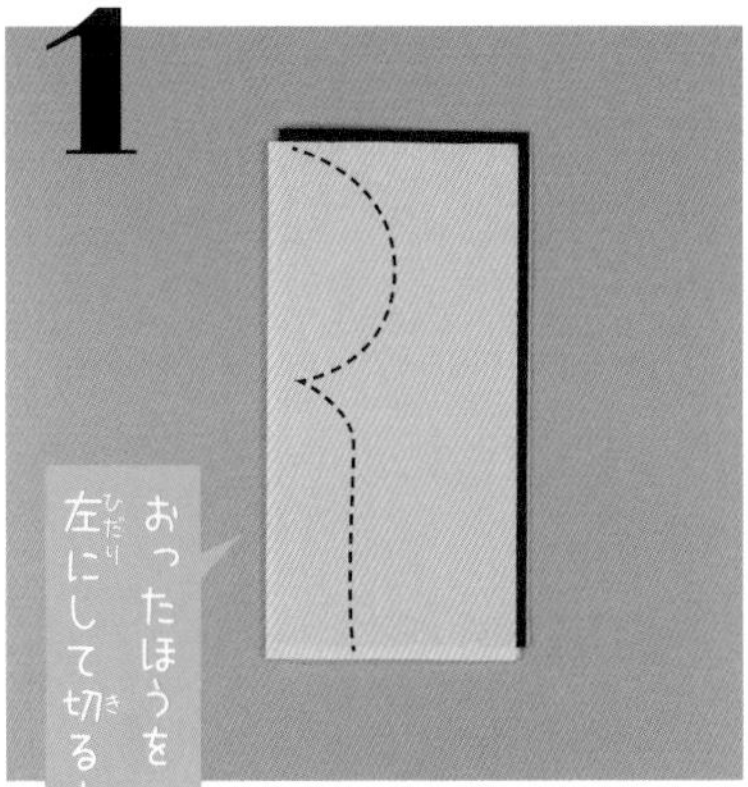
おったほうを
左《ひだり》にして切《き》るよ

ピンクと黒《くろ》の紙《かみ》をかさねて半分《はんぶん》におって、こんなかたちを切《き》ろう

2

ひらいたら、大《おお》きな顔《かお》に小《ちい》さな体《からだ》がふたつできた

3

黒《くろ》いほうの頭《あたま》をチョキンと切《き》って

4

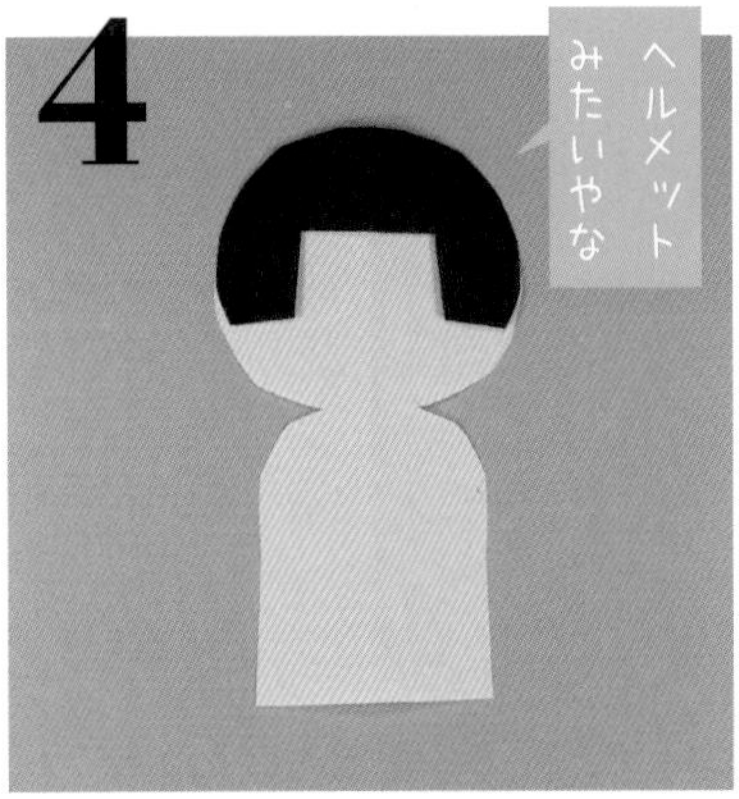
ヘルメット
みたいやな

ピンクの頭《あたま》にのせてみよう

5

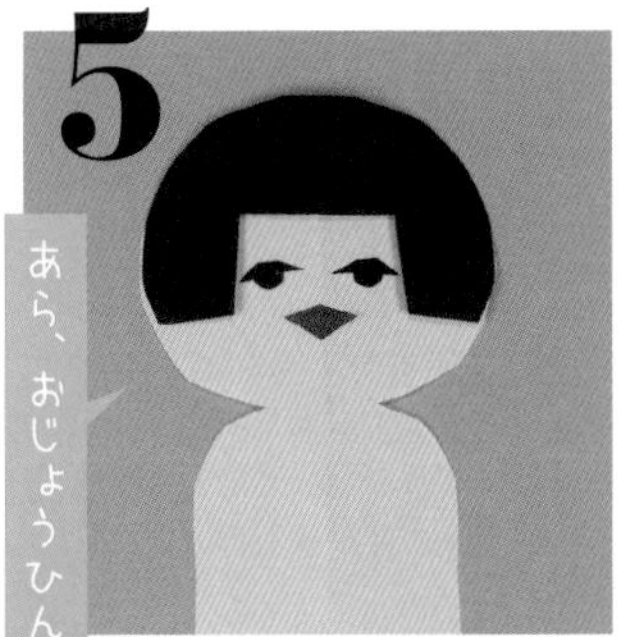
あら、おじょうひんな女《おんな》の子《こ》

黒《くろ》いおめめと赤《あか》いお口《くち》を切《き》ってつけたら

6

ちょうちょにはっぱ、頭《あたま》にリボン、
すきなものでかざろう

ほら、かわいいこけしちゃん

ふくわらいダルマ

［よういするおり紙《がみ》］赤《あか》2まい、白《しろ》1まい、黒《くろ》1まい

1

赤《あか》い紙《かみ》を半分《はんぶん》におって、こんなかたちを切《き》ろう

おったほうを左《ひだり》にして切《き》るよ

2

ひらけば、ほら、でっかいダルマの体《からだ》！

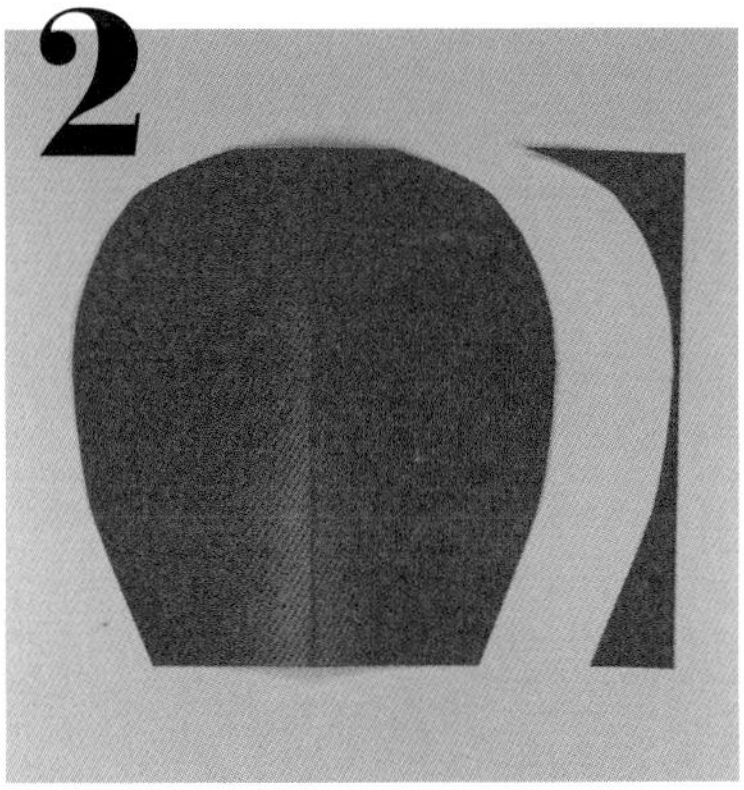

3

白《しろ》い紙《かみ》で、顔《かお》を切《き》ろう

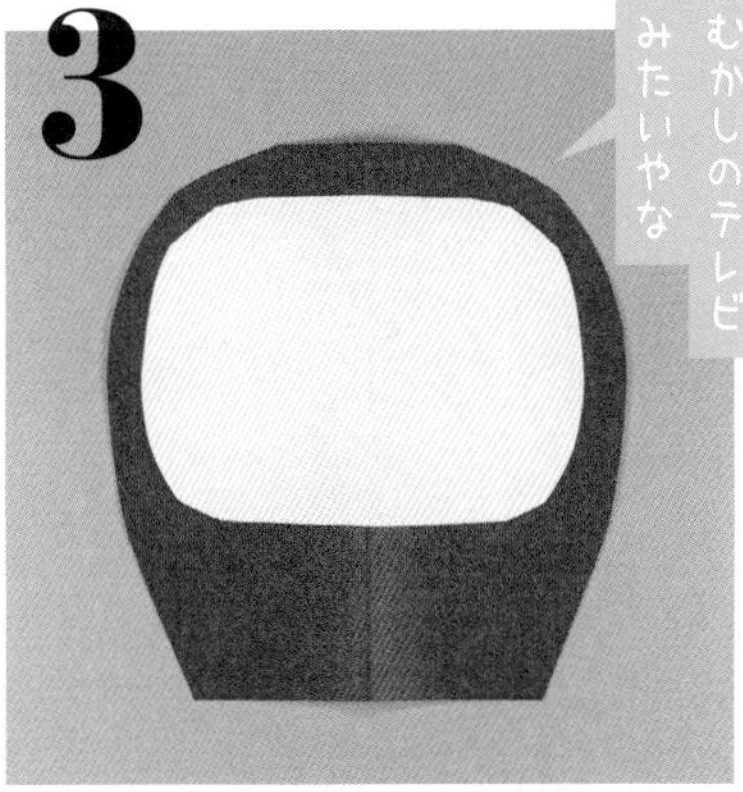
むかしのテレビみたいやな

4

黒《くろ》い紙《かみ》で、三角《さんかく》のまゆ毛《げ》とひげを、赤《あか》い紙《かみ》で、細長《ほそなが》い口《くち》も切《き》る

体《からだ》は、あまった白《しろ》い紙《かみ》でしましまに

5

さいごに、黒《くろ》い紙《かみ》でまんまるな目《め》を切《き》ろう

だるまの目《め》は、ねがいをかなえるために入《い》れるんだよ

6

おこったり、わらったり、ふくわらいで、あそんでごらん

だるまはきみを見《み》ているよ！

なかよしてんしのキス

［ようういするおり紙《がみ》］ピンク・黄色《きいろ》を1まいずつ

ひらいたら、
チュッ
ハートもできた

1

ピンクの紙《かみ》を半分《はんぶん》におって

えんぴつで下書《したが》きして
ゆーっくり切《き》るんやで

2

おったほうから、
こんなかたちを切《き》りとろう

3

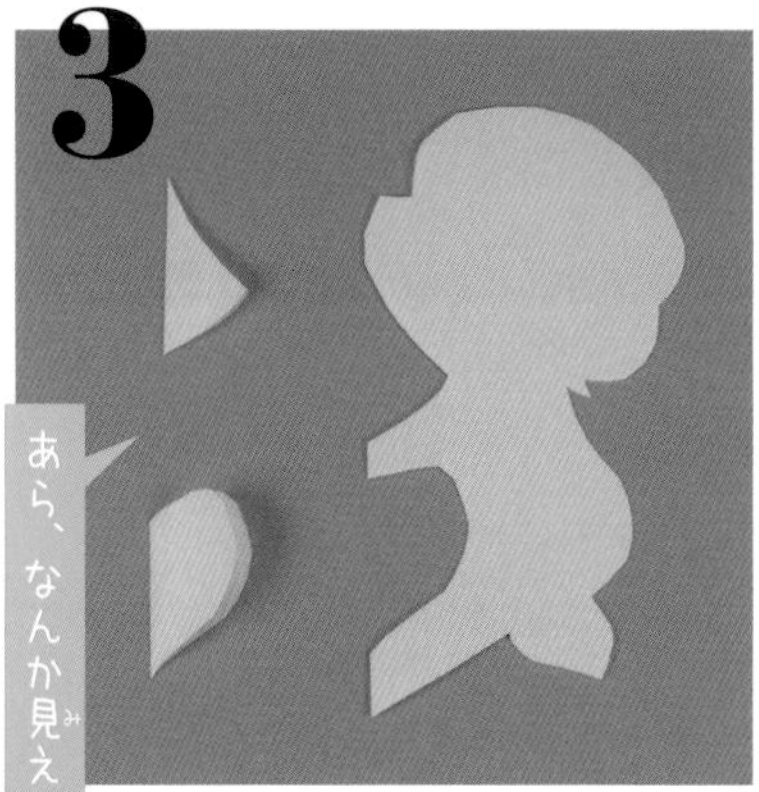

こんなかたちをふたつ切《き》りとって

あら、なんか見《み》えてきた

4

おめめを切《き》りぬく

中《なか》まで切《き》ってから、
あなをあけるよ

5

6

黄色《きいろ》い紙《かみ》の
りょうめんで、
黄金《おうごん》のかみ、
てんしのわ、
羽《はね》も切《き》ろう

なかよし
てんしは、
スキ、スキ、スキ！
キス、キス、キス！

そこにハサミがあったから

ぼくチャンキーとハサミとの出会《であ》いは、もう20年《ねん》いじょうまえになります。

ある日《ひ》、画《が》ざいやで千円《せんえん》くらいのハサミを買《か》いました。おくさんに、「そのハサミで、わたしのにがお絵《え》でも切《き》ってみて」と言《い》われてつくりますと、それがちゃんとにがお絵《え》になってまして。

それからというもの、毎日毎日《まいにちまいにち》、友人《ゆうじん》あいてに、にがお絵《え》を切《き》っては、「にてるやろー、おもろいやろー」とひとりよろこんでおりました。さらにちょうしにのったぼくは、イベントで切《き》り絵《え》のお店《みせ》を出《だ》して、ついにはおきゃくさまからおだいをちょうだいするまでになりました。

しかし、ある日《ひ》のこと、そっくりな切《き》り絵《え》をおきゃくさまにおわたししたら、「わたし、こんな顔《かお》やないわよ！　やりなおして」と、どやされたのです。こうなりゃ、にてなくても、とにかくきれいに切《き》ったろと、えらくべっぴんさんに切《き》ったところ、「これこれよ。これならおへやにかざっておけるわ。おおきに」とよろこんでもらいました。「そうか、にせるだけではあかんのや」。おきゃくさまによろこんでもらうためにはどうすればええか？　ぼくは、ほんとのいみで、げいのせかいのとびらをひらいたわけです。

くる日《ひ》もくる日《ひ》も、ハサミを手《て》にしてチョキチョキ。ぼくにとって、それは楽《たの》しい時間《じかん》です。ちょうしのいいときは、ハサミの先《さき》までが手《て》の一《いち》ぶになった気《き》になる。それは、サッカーせんしゅがボールをじゆうにあやつれるような、バイオリニストがっきをじゆうにえんそうできるような、体《からだ》とハサミが一体《いったい》になる、いい気《き》もちです。

げいじゅつかは、じゆうにえがきたいとねがうものです。ぼくは思《おも》います。「にがお絵《え》でも、ふうけいでも、どうぶつでも、どんなかたちも切《き》れば楽《たの》しいんやから、まわりを見《み》て目《め》にしたものを切《き》ればええんや。えがけるものはむげんにあるんやな」と。けど、むげんにあるっていうことは、自分《じぶん》の一生《いっしょう》の時間《じかん》ではもう足《た》りない、ということでもあります。そこで、ぼくは思《おも》いました。「ほなら、もうあせらんでもええやん。いまできること、いま見《み》えるもの、いまかんじる気《き》もちをえがくしか、切《き》るしかでけへん」と。だから、ぼくは今日《きょう》も、チョキチョキ、ハサミをうごかすのです。

3時《じ》間《かん》目《め》 へんしーん!

スペードからフィッシュ

［よういするおり紙《がみ》］黄色《きいろ》・黒《くろ》を1枚《まい》ずつ

1

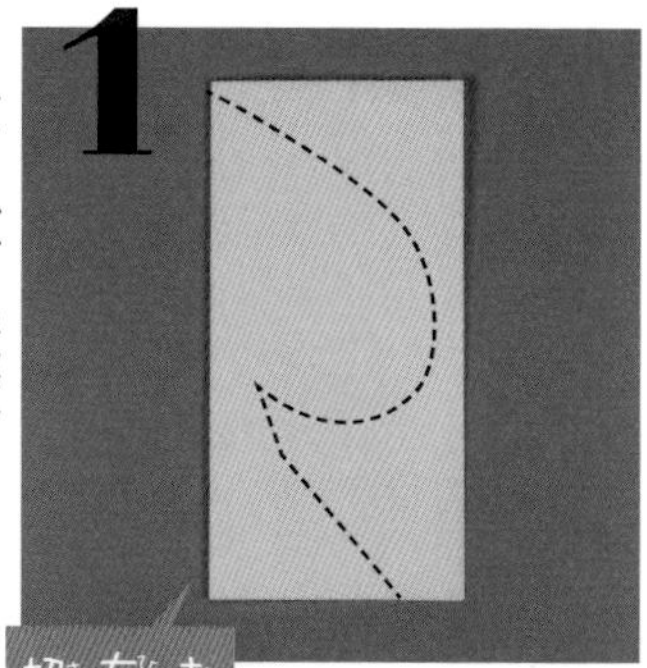

黄色《きいろ》の紙《かみ》を半分《はんぶん》におって、こんなかたちに切《き》ってみて

おったほうを左《ひだり》にして切《き》るよ

2

ひらいたら、ハートにしっぽ トランプのスペードや

3

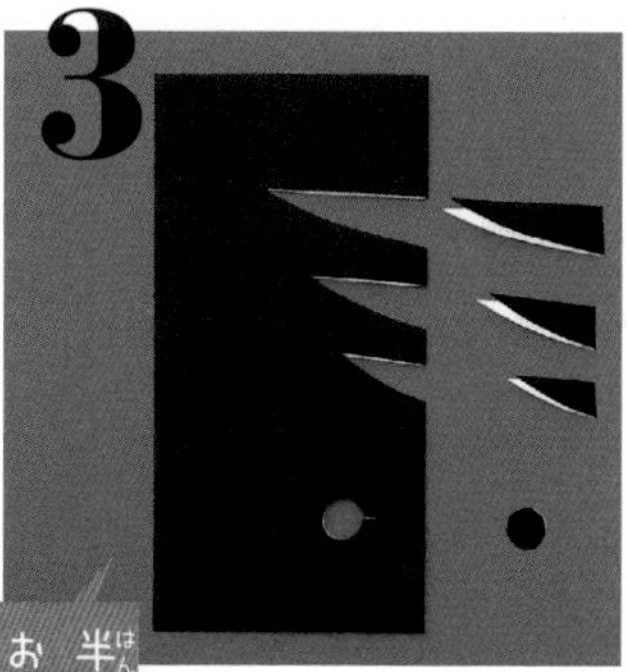

黒《くろ》い紙《かみ》で、長細《ながぼそ》い船《ふね》3つ、小《ちい》さなまるも切《き》りぬいて

半分《はんぶん》におって、おったほうから

4

スペードに、黒《くろ》い船《ふね》を3そう、うかべたら

5

黒《くろ》い月《つき》も、うかべてみよう

なんだろ?

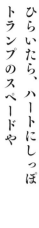

6

スペードをよこに
たおしたら

スペードからの
フィッシュ♪
チョッキンチョッキン、
チョッキンマジック♪

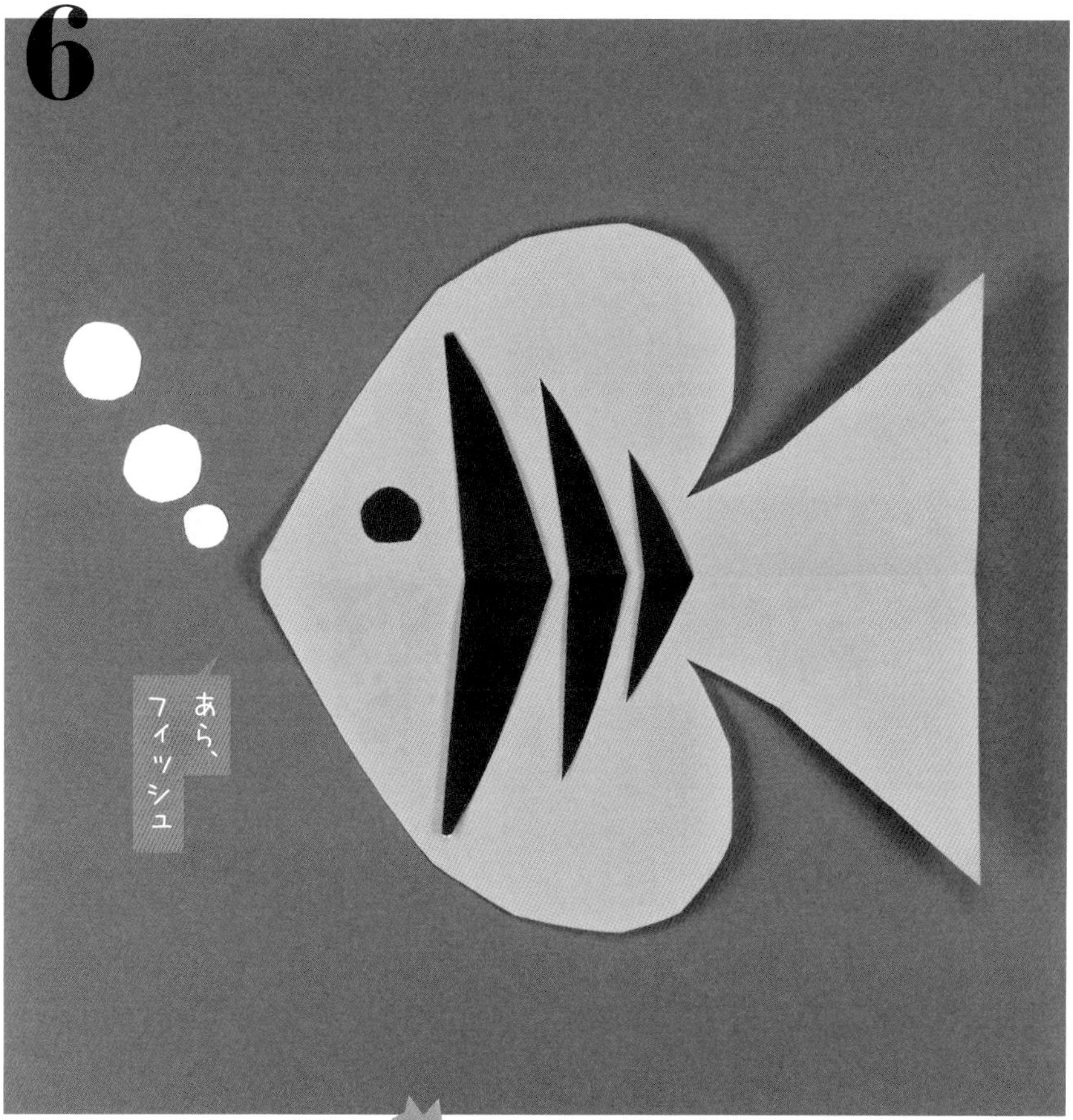

かたちがだいじ

ネコのかたち、パンダのかたち、ケーキのかたち……。ぼくたちの目《め》は、まずかたちを見《み》て、それがなんであるかをはんだんします。かたちではんだんしてから、近《ちか》づいて、細《こま》かいところを見《み》ていきます。ひょうしきやかんばんの絵《え》も、遠《とお》くからわかるように、かたちをシンプルにデザインしたものが多《おお》いですよね。

切《き》り絵《え》も、かたちを切《き》りとります。ものや生《い》きもののかたちをきおくしておいて、そのかたちを切《き》るのが、切《き》り絵《え》のきほんです。切《き》ったかたちがネコであれば、紙《かみ》がみどり色《いろ》でも、カエルには見《み》えず、ネコに見《み》えるはずです。

たとえば、イヌとネコとウサギを切《き》ってならべてみましょう。ほら、かたちにそれぞれのとくちょうがありますね。同《おな》じ大《おお》きさ、同《おな》じポーズで切《き》っても、耳《みみ》、顔《かお》、しっぽ、体《からだ》のかたちにはちがいがある。

かたちをつかむためには、少《すこ》しはなれて見《み》てみること。近《ちか》すぎると、ぜんたいが見《み》えにくいからね。よく見《み》て、それぞれのちがい、こせいをさがしてみましょう。大《おお》きさやポーズをかえてみたら、ひと目《め》でそれだとわかるかたちがハッキリ見《み》えてきますよ。

王《おう》さまから新《しん》幹《かん》線《せん》

［ようい する おり紙《がみ》］青《あお》1まい、白《しろ》2まい、黄《き》色《いろ》1まい

1
青《あお》と白《しろ》の紙《かみ》をかさねて半分《はんぶん》に
おって、こんなかたちを切《き》ろう

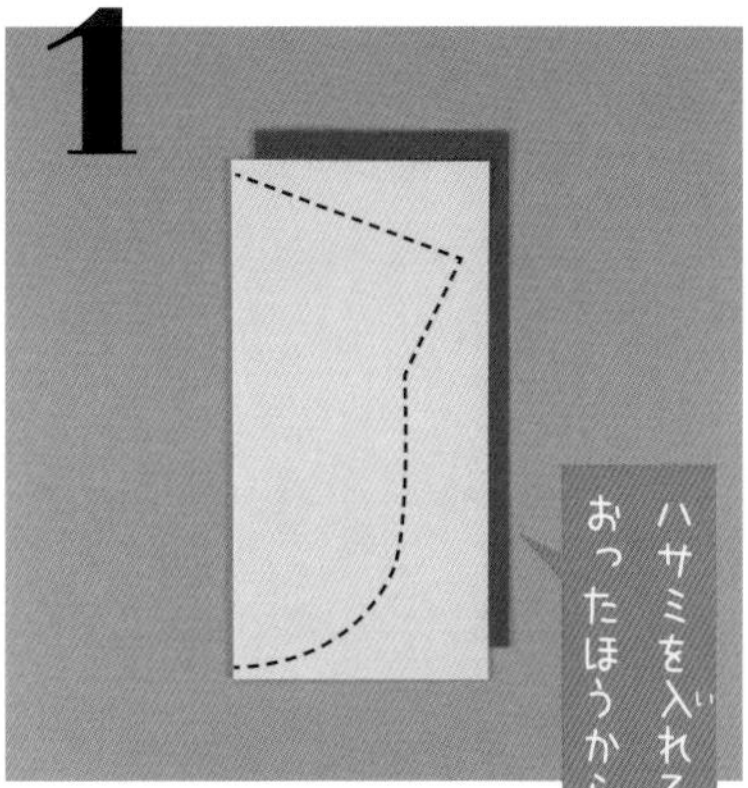
ハサミを入《い》れるのは
おったほうから

2
ひらいたら、
ぼうしをかぶった顔《かぶ》みたい

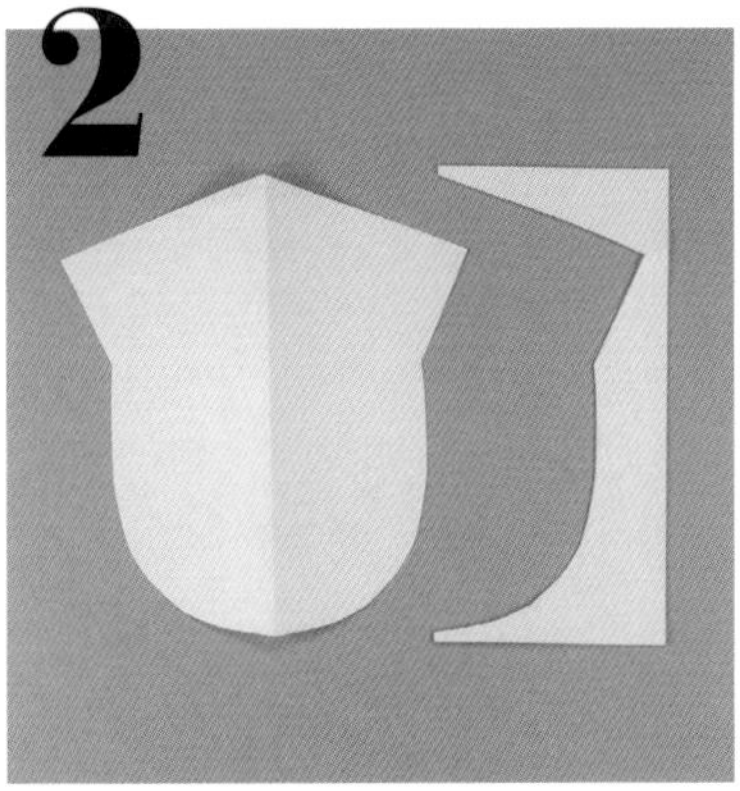

3
青《あお》いほうを上《うえ》だけ切《き》って、
かっこいいぼうしにしてみて

4
あまった青《あお》い紙《かみ》で、
ひげも切《き》ろう

5
黄《き》色《いろ》でおめめを

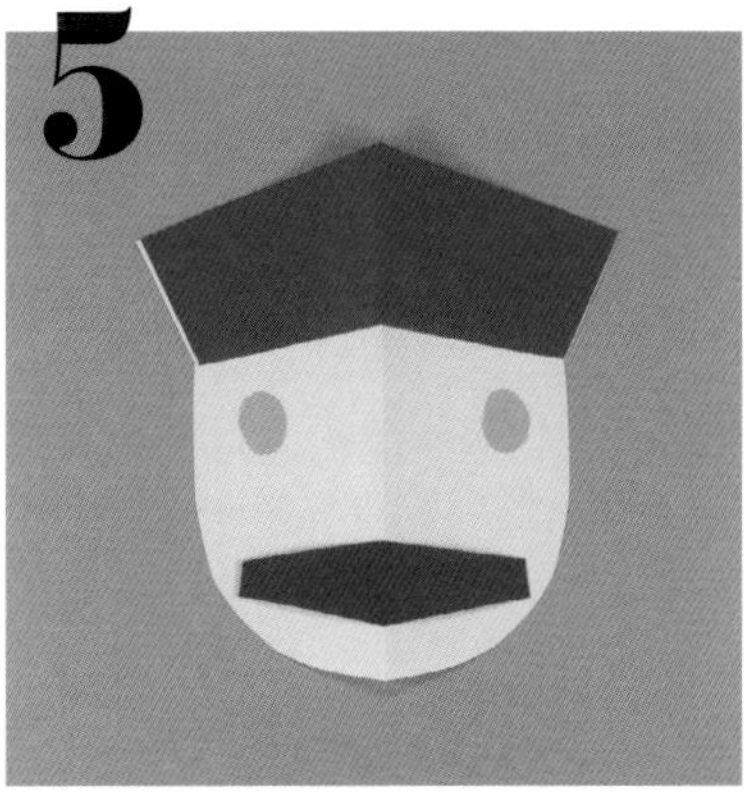

6
あまった白《しろ》で三角《さんかく》を切《き》って、
あごひげにしたら

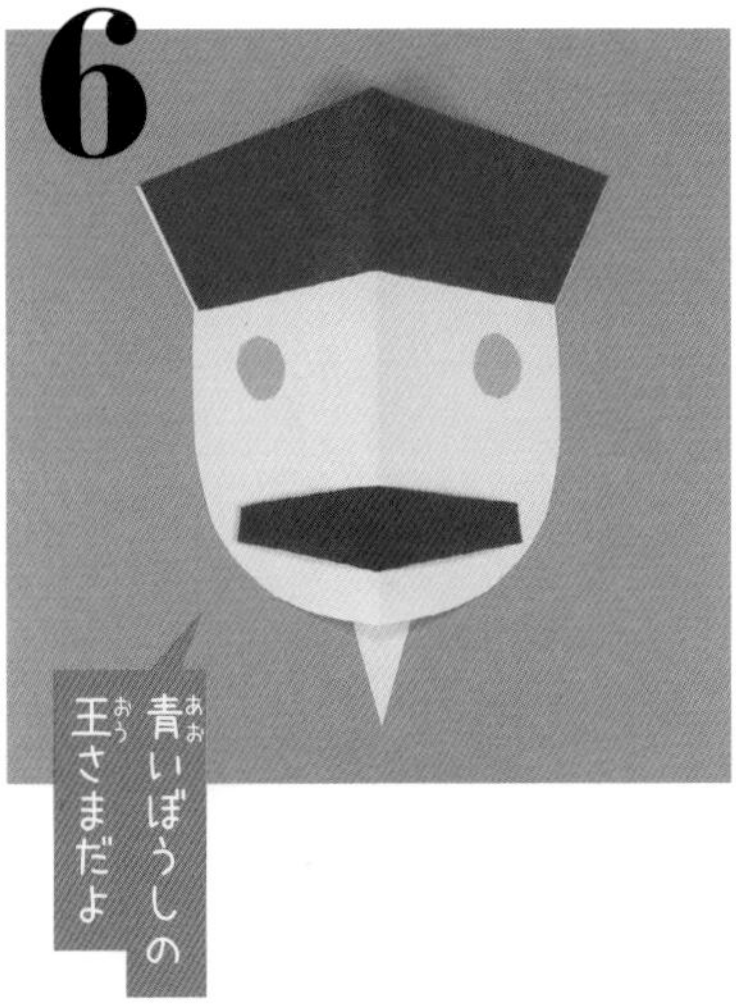
青《あお》いぼうしの
王《おう》さまだよ

7

もう1まいの白《しろ》い紙《かみ》で、
まるを切《き》りぬいて、
うらがえして顔《かお》におくと

王《おう》さまに、大《おお》きなタンコブ
できちゃった　あーたいへん、
えらいこっちゃ、えらいこっちゃ

8

あわてて王《おう》さま、
ひっくりかえる

9

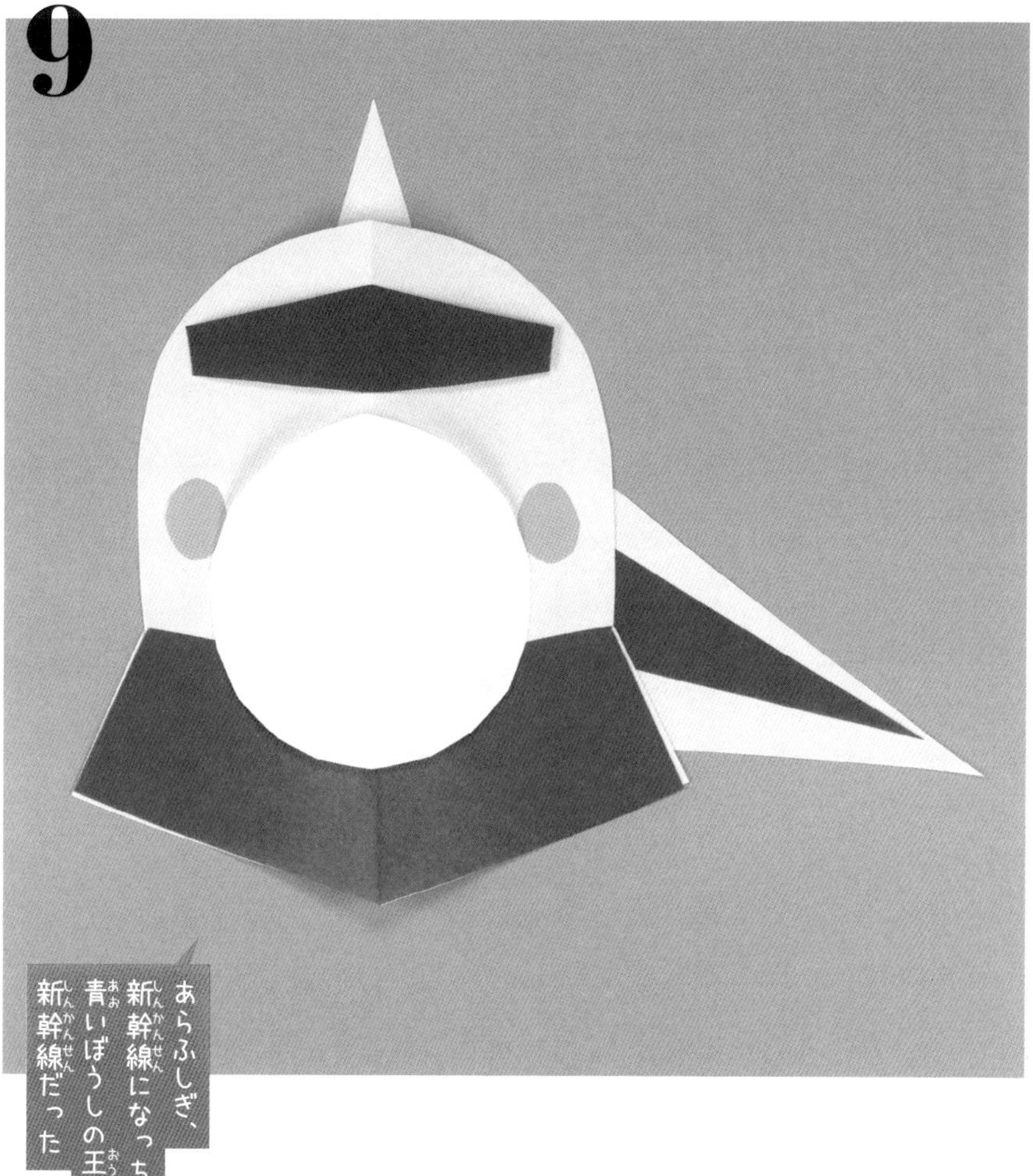

白《しろ》い紙《かみ》で、大《おお》きな三角《さんかく》
青《あお》い紙《かみ》で、小《ちい》さな三角《さんかく》
切《き》って、かさねて、くっつけて

あらふしぎ、
新幹線《しんかんせん》になっちゃった
青《あお》いぼうしの王《おう》さまは、
新幹線《しんかんせん》だった

走《はし》るぞ、王《おう》さま！
じゃなくて、
走《はし》れ、新幹線《しんかんせん》、
ゴー！　ゴー！

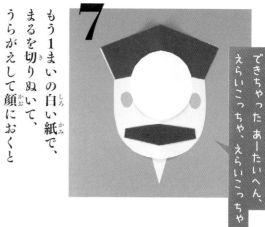

エビフライの三《さん》へんげ

[よういするおり紙《がみ》]
すきな4つの色《いろ》を1まいずつ、黄色《きいろ》1まい

1

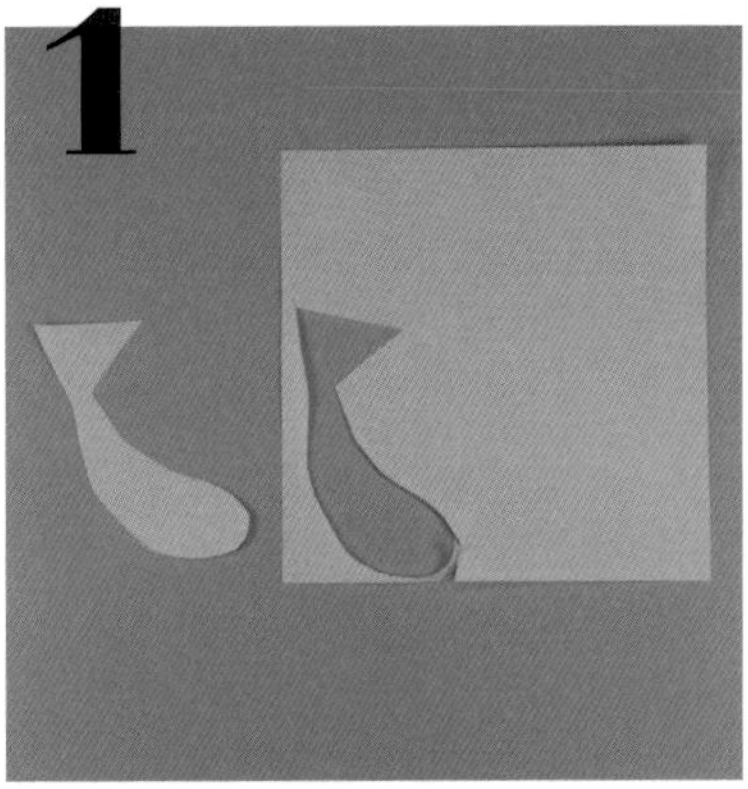

4つの色《いろ》の紙《かみ》を4まいかさねて、こんなかたちを切《き》りぬこう

2

ひらいたら、エビフライみたいだね

3

あまった紙《かみ》を4まいかさねて、大《おお》きな花《はな》びらを2まい切《き》る

ぜんぶで8まいの花《はな》びらができる

4

エビフライにくっつけよう

あら、なんかに見《み》えてきた

5

くちばしを切《き》って、くっつけよう

6

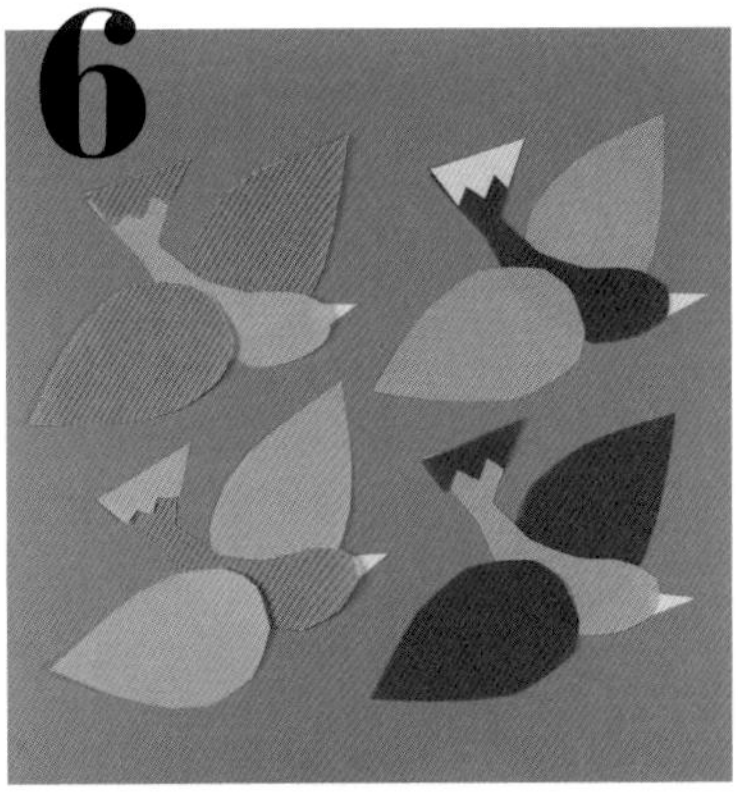

つぎにおっぽ

7

さいごに、
おめめを
くっつける

4羽《わ》の
イロトリドリだよ

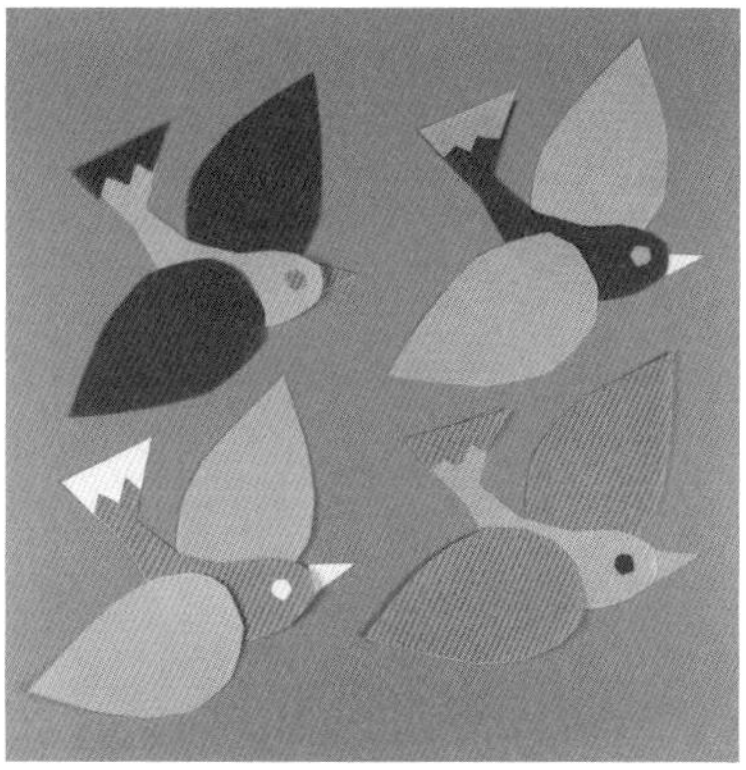

色《いろ》の組《く》み合《あ》わせを
かえてもいいね

8

黄色《きいろ》い紙《かみ》で切《き》った
たいように
つばさがあつまれば

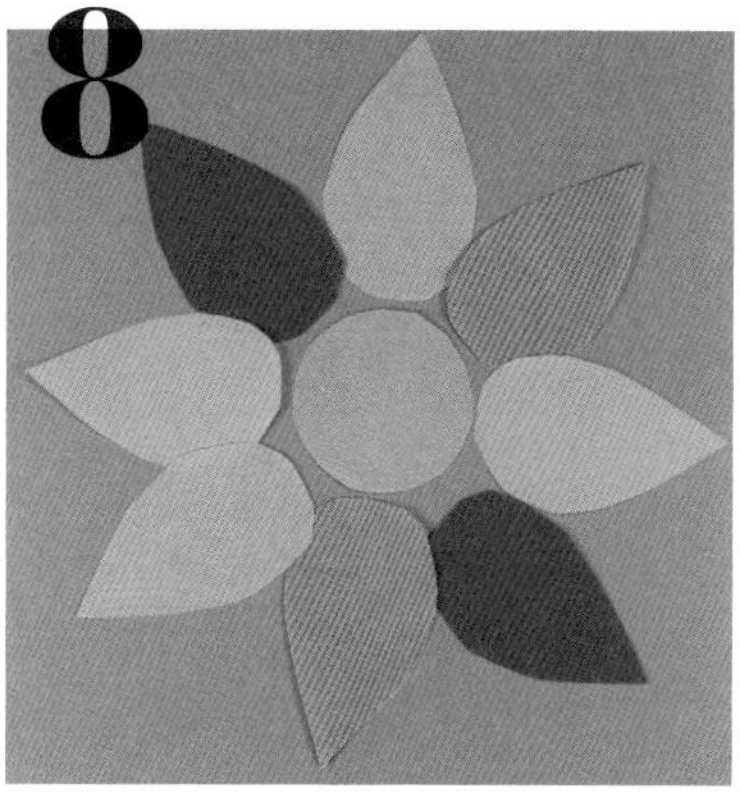

花《はな》がひらくよ、
きみだけの花《はな》

鳥《とり》が魚《さかな》になって、
およいでる
いつだって、せかいは
かわりつづけるよ
イッツ・ア・
ワンダフル・ワールド♪

9

くちばしと、
おっぽをとったエビフライで、
花《はな》をかこもう

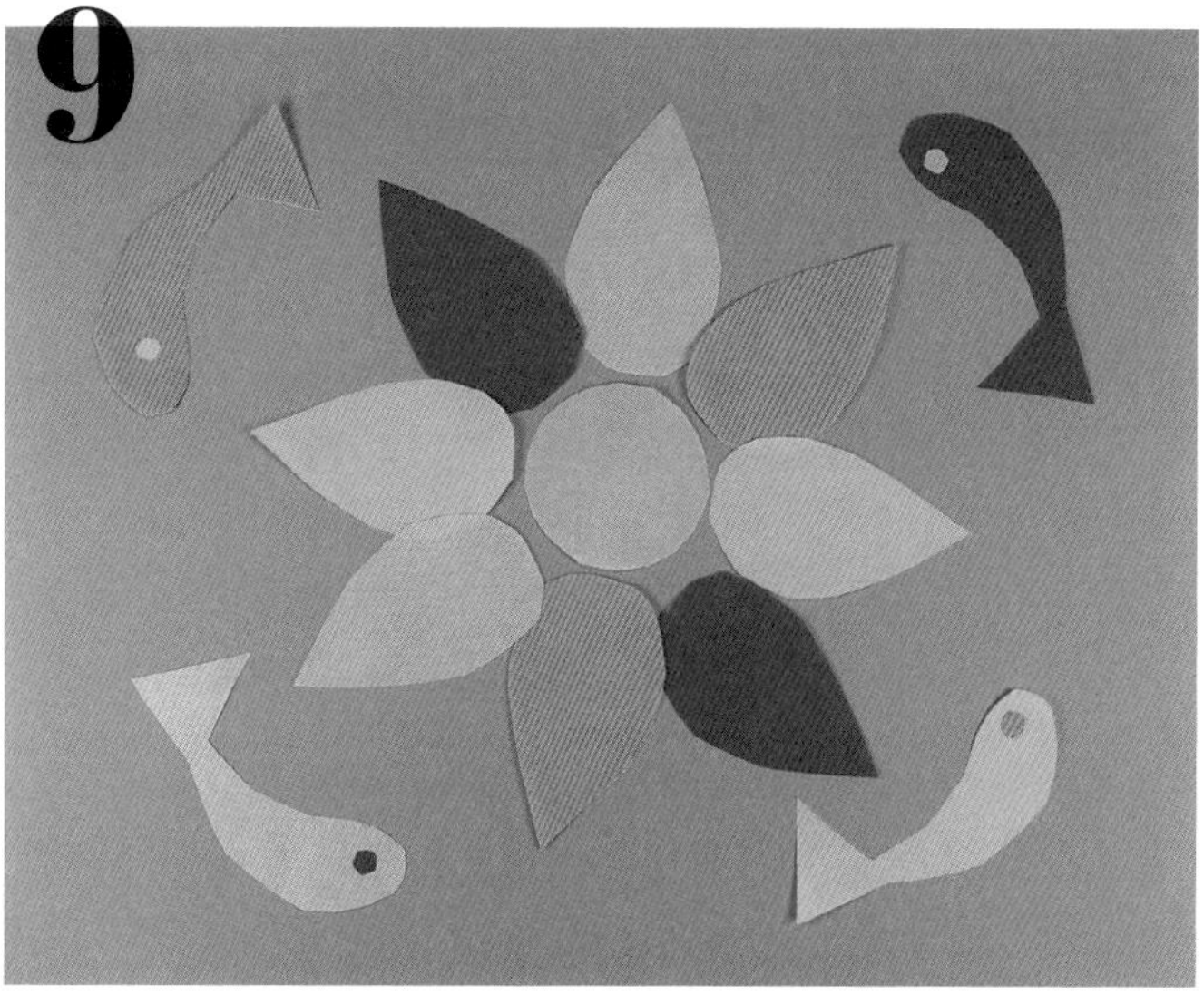

はい、立《た》ちます

黄《き》色《いろ》い耳《みみ》の雪《ゆき》ウサギ

［よういするおり紙《がみ》］白《しろ》・黄《き》色《いろ》・ピンクを1まいずつ、のり

1

白《しろ》の紙《かみ》を三角《さんかく》におって

2

下《した》からちょっと切《き》りこみを入《い》れて、
小《ちい》さな、こんなかたちを切《き》りぬく

3

角《かど》を三角《さんかく》に切《き》るよ
それぞれの角《かど》を、こんなふうに

4

黄《き》色《いろ》の紙《かみ》を、うらに半分《はんぶん》におって、
えいごのP《ぴー》のかたちを切《き》ってみて

ハサミを入れるのは
おったほうから

5

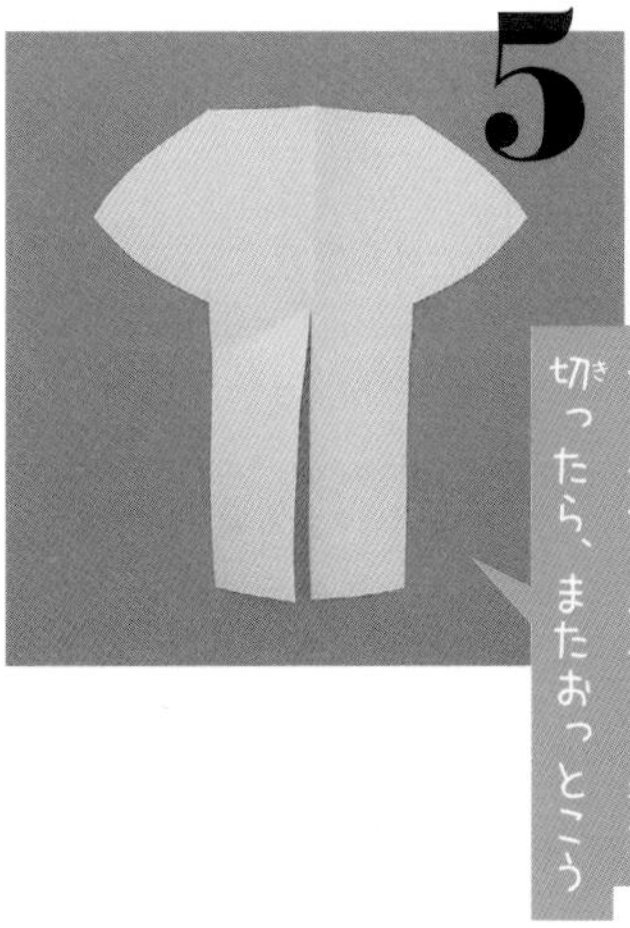

ひらいたら、太《ふと》ったスプーンみたい
長《なが》いところに切《き》りこみを入《い》れとこう

チョキチョキチョッキン
切《き》ったら、またおっとこう

6

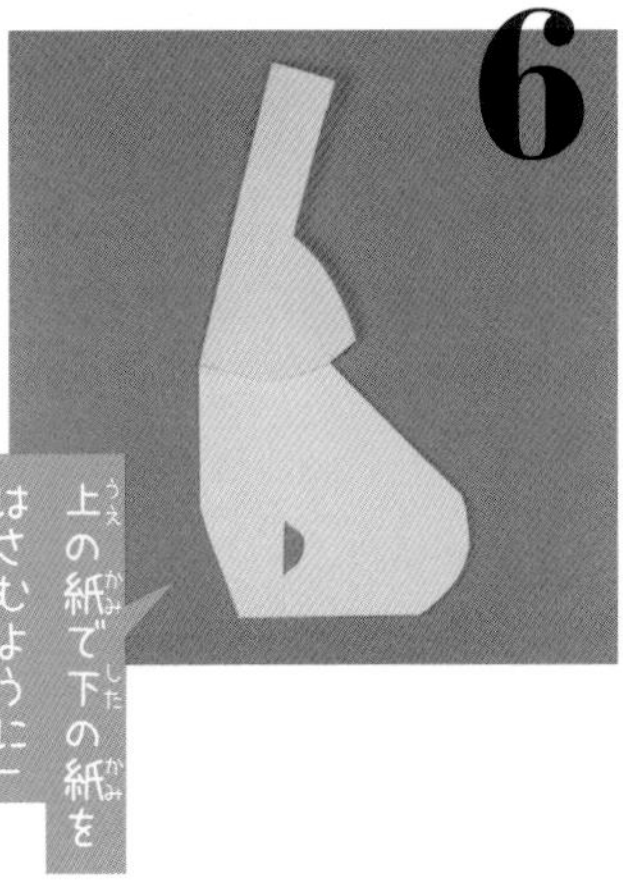

できたふたつを
のりでくっつけて

「上《うえ》の紙《かみ》で下《した》の紙《かみ》を
はさむように」

7

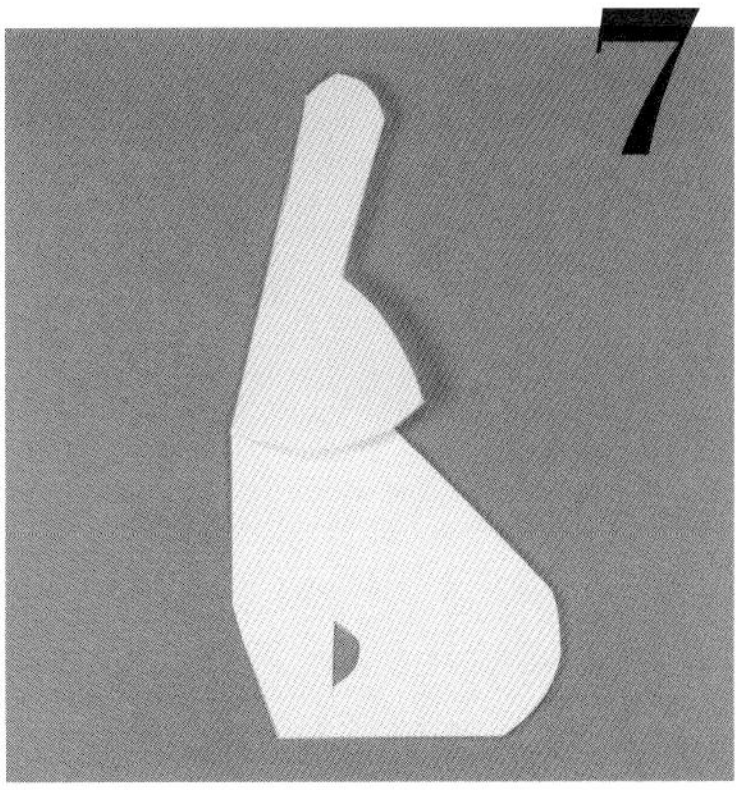

てっぺんをまるく切《き》ったなら

8

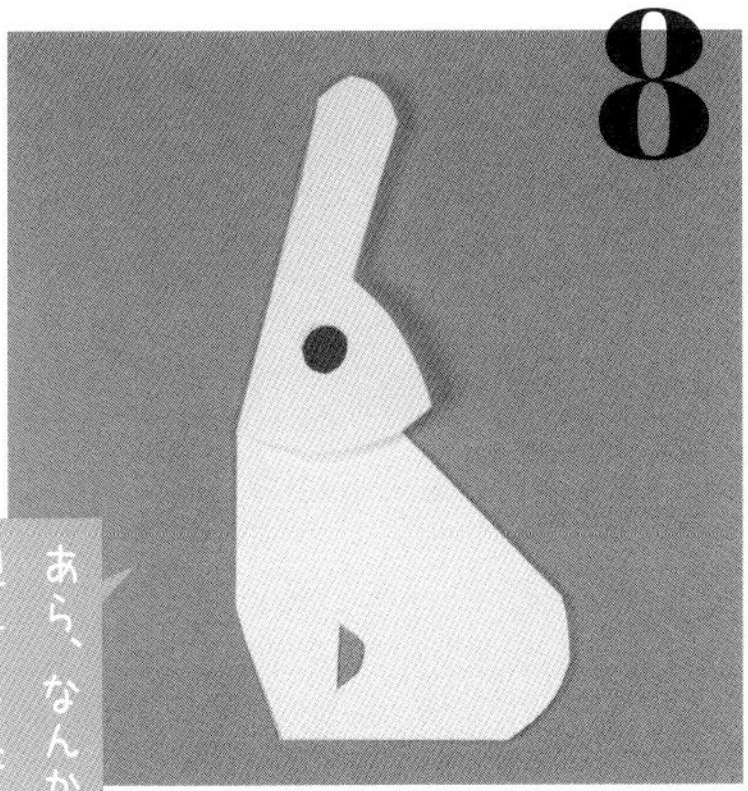

ピンクの紙《かみ》で、
おめめを切《き》って、くっつけて

あら、なんかに見えてきた

9

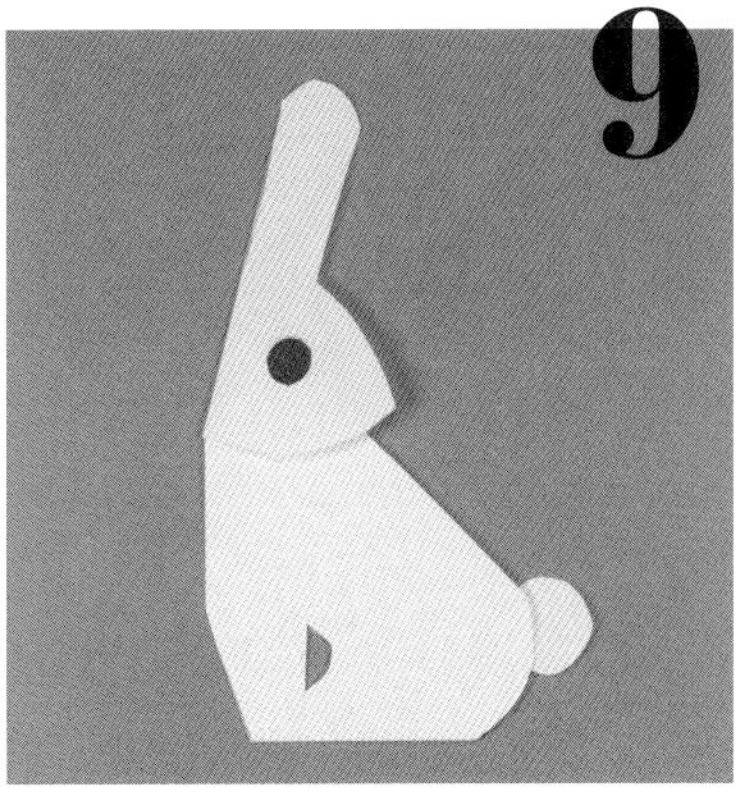

白《しろ》いしっぽも切《き》って、くっつけて

10

耳《みみ》をおりまげて、
体《からだ》をひらいて、
立《た》たせてみよう

白《しろ》い、白《しろ》い、
雪《ゆき》うさぎ

およげ！ウミガメ

［よういするもの］

茶色《ちゃいろ》の画用紙《がようし》1まい、黄色《きいろ》のおり紙《がみ》1まい、のり

1

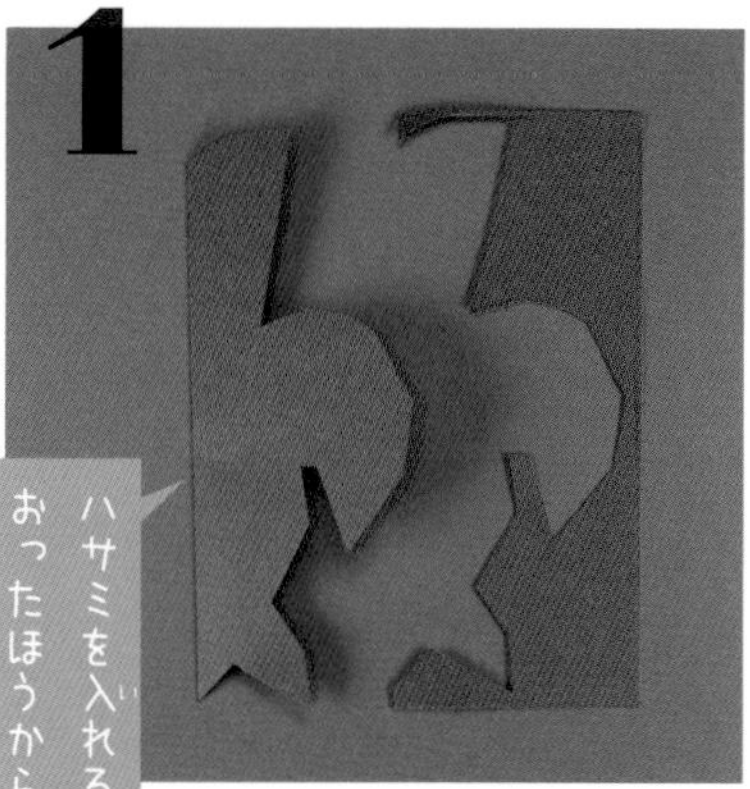

茶色《ちゃいろ》い紙《かみ》を半分《はんぶん》におって、こんなかたちを切《き》りとろう

ハサミを入《い》れるのはおったほうから

2

こうらにふたつ、切《き》りこみを入《い》れて

3

ひらいたら、黄色《きいろ》い紙《かみ》で切《き》った、おめめをつけよう

4

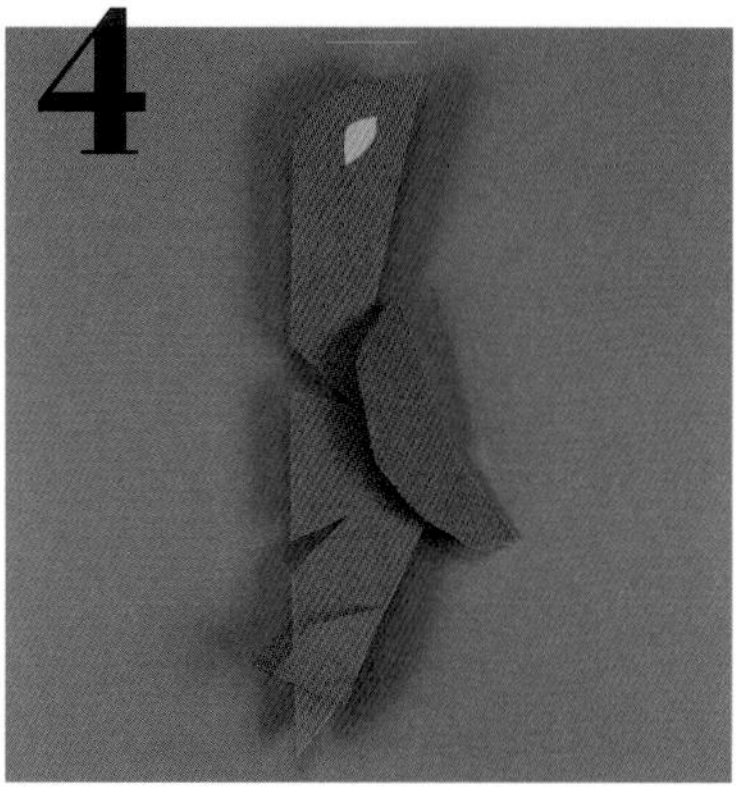

また半分《はんぶん》におって、前足《まえあし》と後《うし》ろ足《あし》をおりかえそう

5

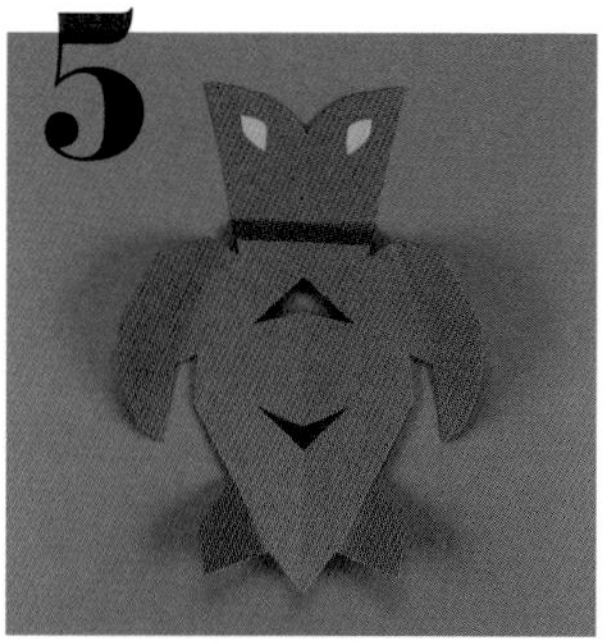

長《なが》い首《くび》も、のびちぢみできるようにおる

6

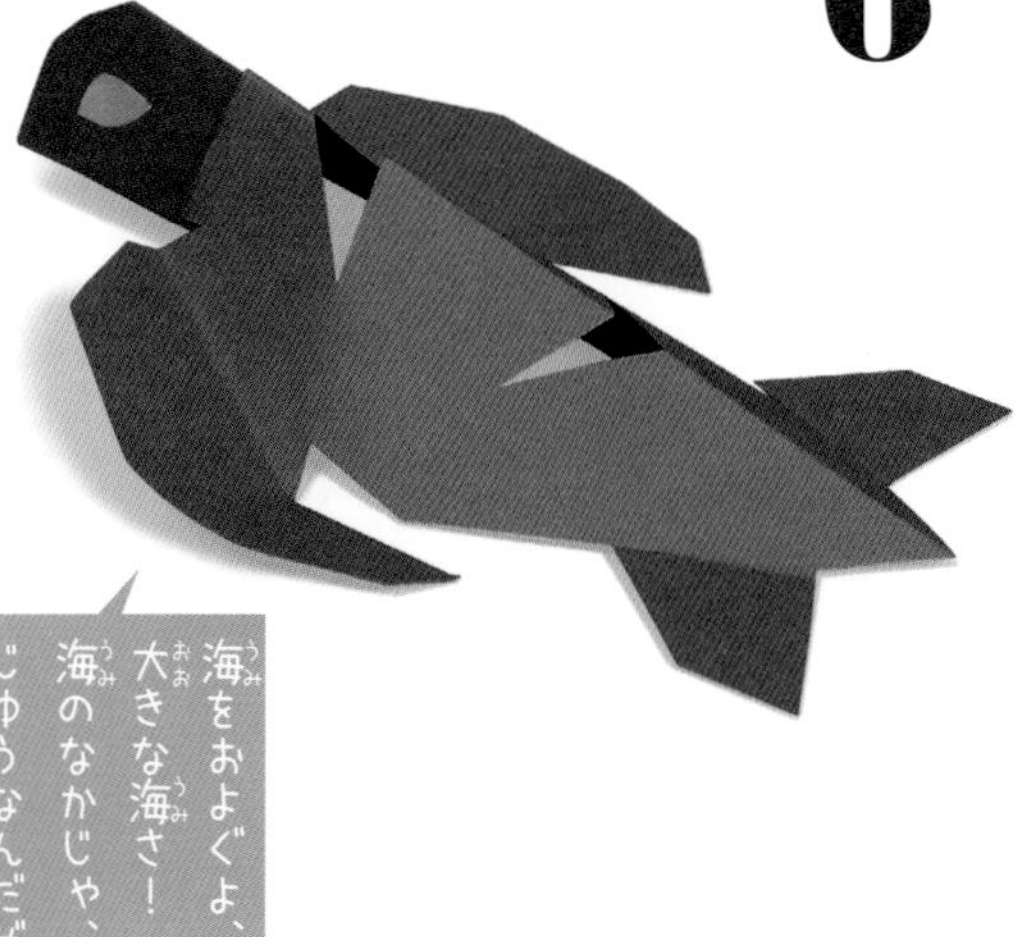

海《うみ》をおよぐよ、大《おお》きな海《うみ》さ！海《うみ》のなかじゃ、じゆうなんだぜ！

おったら、おすもうさん

［ようい するもの］茶色《ちゃいろ》の画用紙《がようし》1まい、黒《くろ》のおり紙《がみ》1まい、のり

1 茶色《ちゃいろ》い紙《かみ》を半分《はんぶん》におって、よこむきの頭《あたま》と体《からだ》を切《き》りぬこう

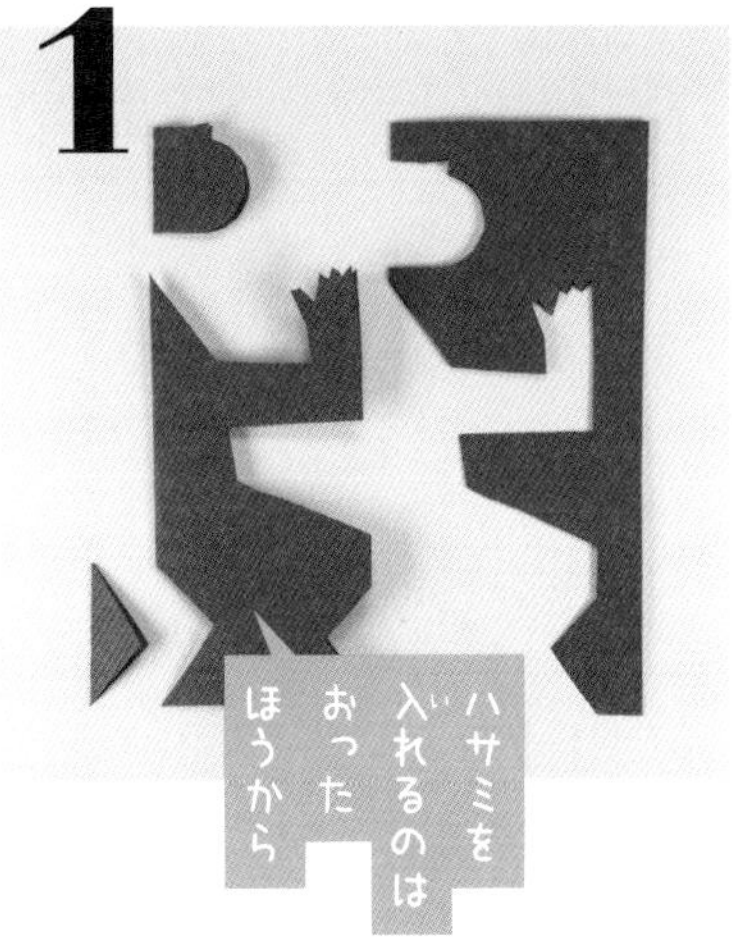
ハサミを入《い》れるのはおったほうから

2 うでと足《あし》を、はんたいがわにおりかえす

3 ひらいたら、あらま！黒《くろ》い紙《かみ》で、ふんどしをしめてあげて

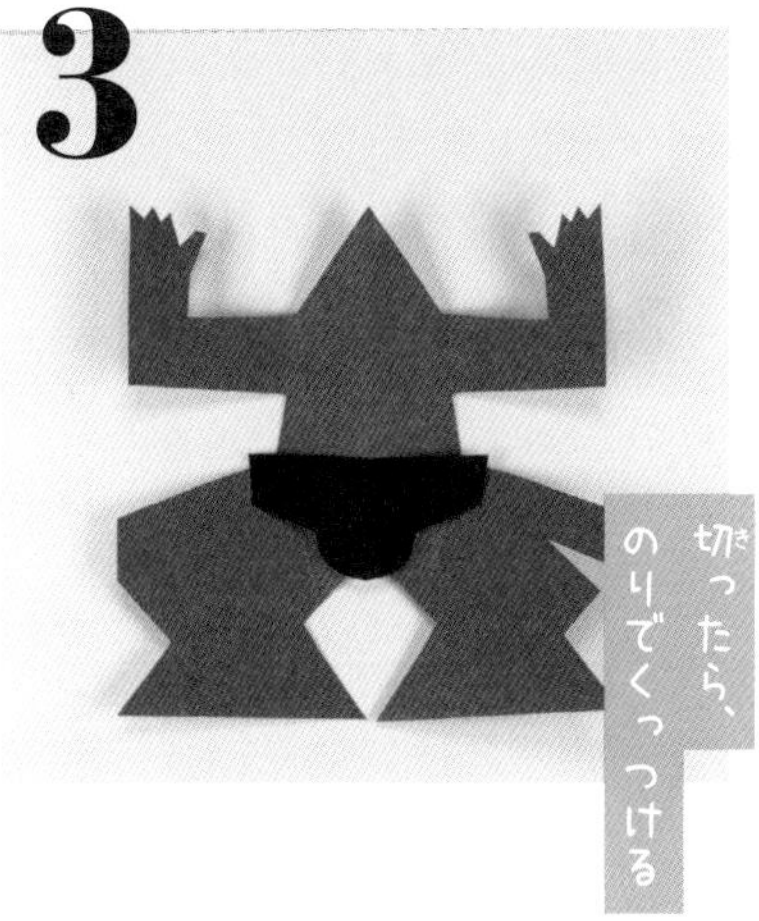
切《き》ったら、のりでくっつける

4 頭《あたま》にちょんまげ、おめめもつけて

5 頭《あたま》と体《からだ》をおって、のりでくっつければ

6

はっけよい、のこった、のこった！

はっぱでカブトムシ

［よういするもの］
茶色《ちゃいろ》・こげ茶《ちゃ》の画用紙《がようし》を1まいずつ、のり

1

2まいの紙《かみ》をかさねて半分《はんぶん》におって

2

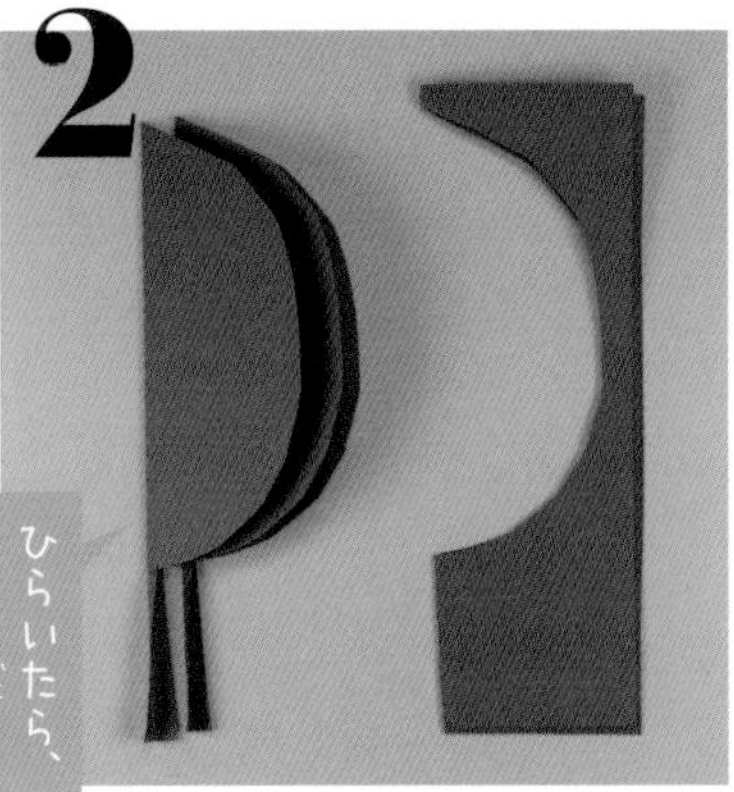

おったほうからハサミを入《い》れて、こんなかたちを切《き》りとろう

ひらいたら、まるい太《ふと》っちょのはっぱだよ

3

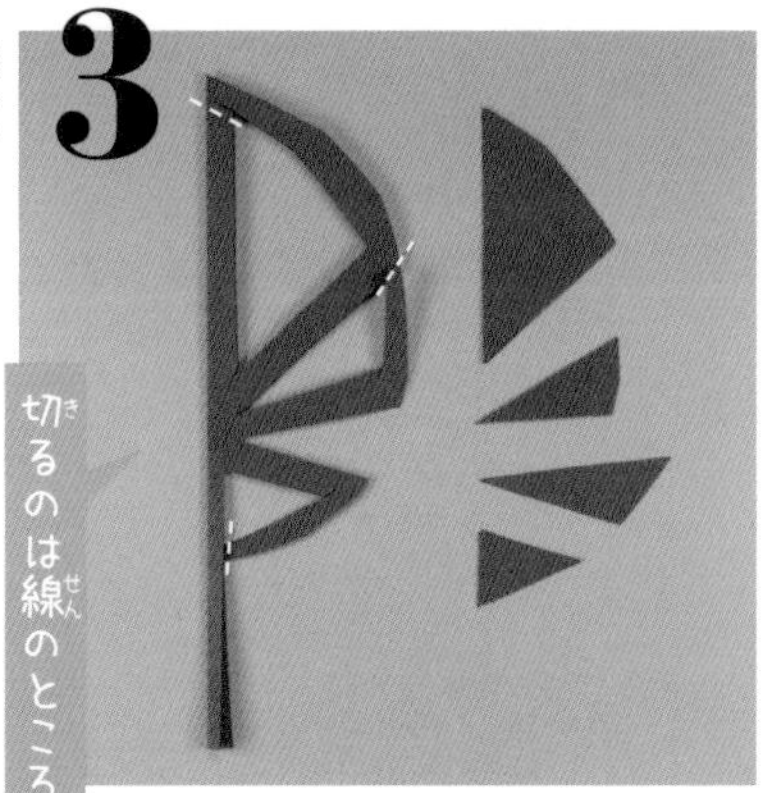

茶色《ちゃいろ》のほうをおったまま、三角《さんかく》4つ、切《き》りおとす

切《き》るのは線《せん》のところから

4

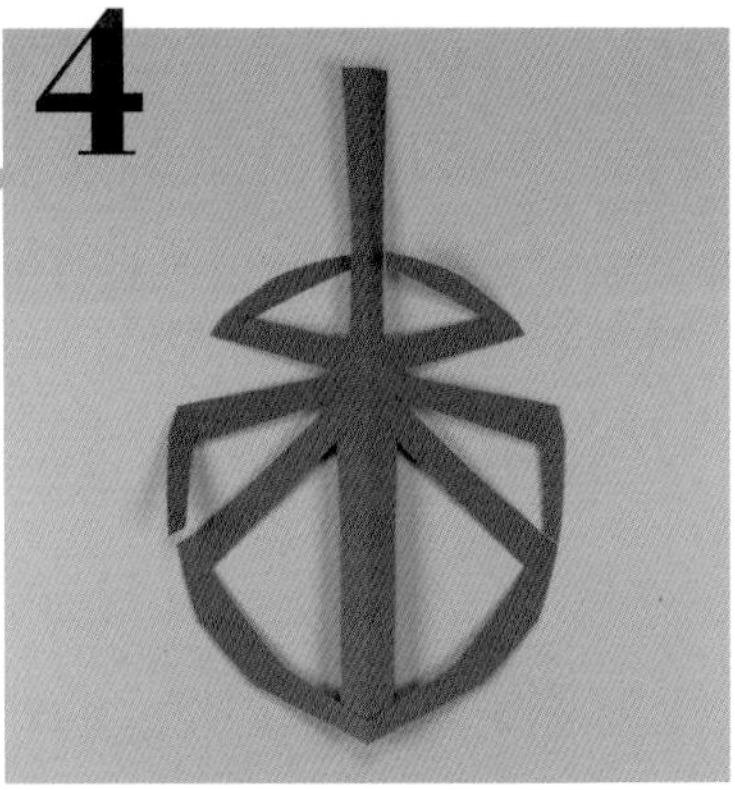

ひらくと、ほら、虫《むし》に食《た》べられたはっぱだね

5

まんなかのぼうを、手前《てまえ》におりまげておこう

ここ、だいじなポイント！

6

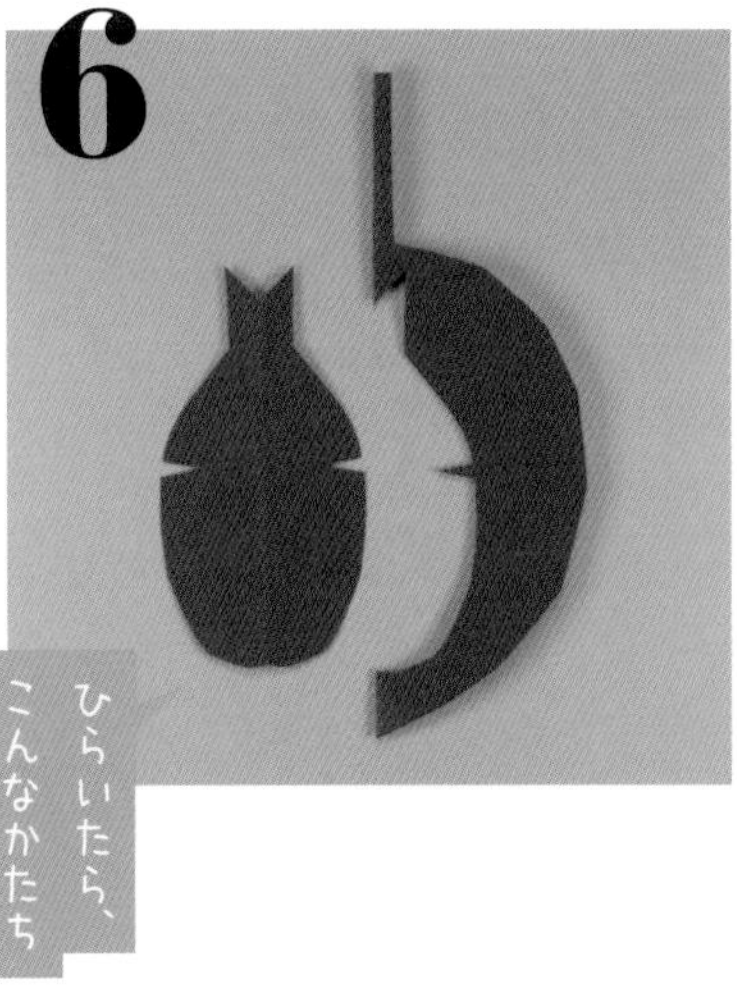

こげ茶《ちゃ》のはっぱをおったまま、こんなかたちを切《き》りぬこう

ひらいたら、こんなかたち

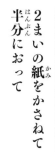

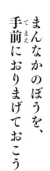

7

虫《むし》食《く》いのはっぱと合体《がったい》させよう

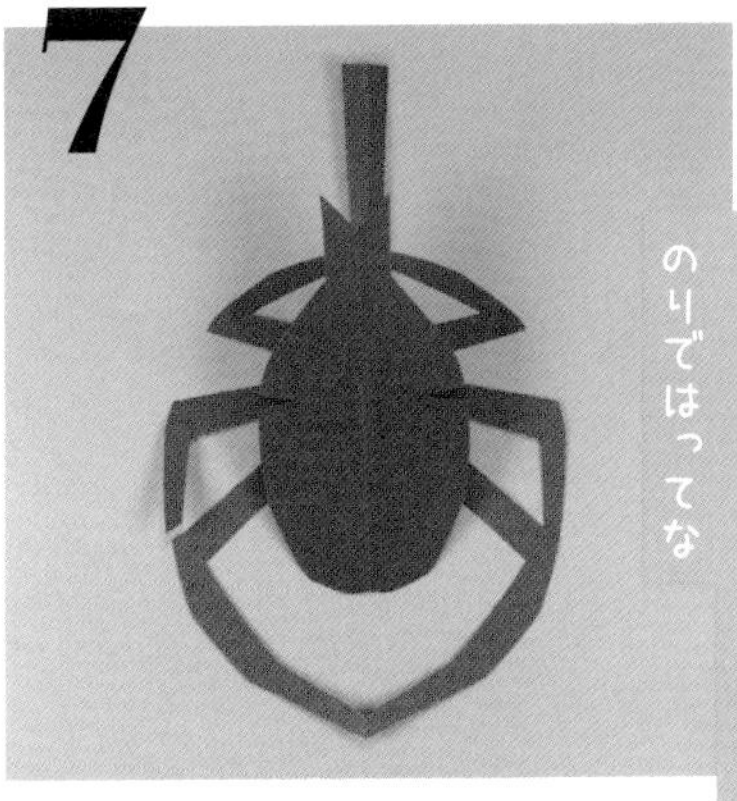
さっき、おりまげたところにのりではってな

うらがえしたところ

8

りっぱな角《つの》を切《き》って

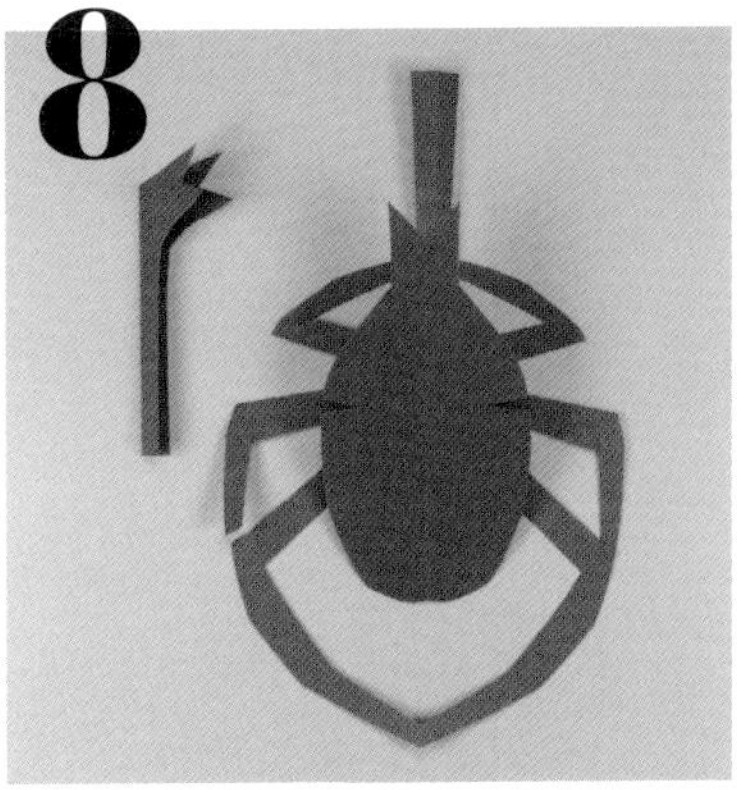

9

下《した》のはっぱのぼうにつける

10

足《あし》をまげて、ギザギザにして、しょっかくも切《き》ったら

いちばん下《した》の足《あし》は切《き》りはなす

11

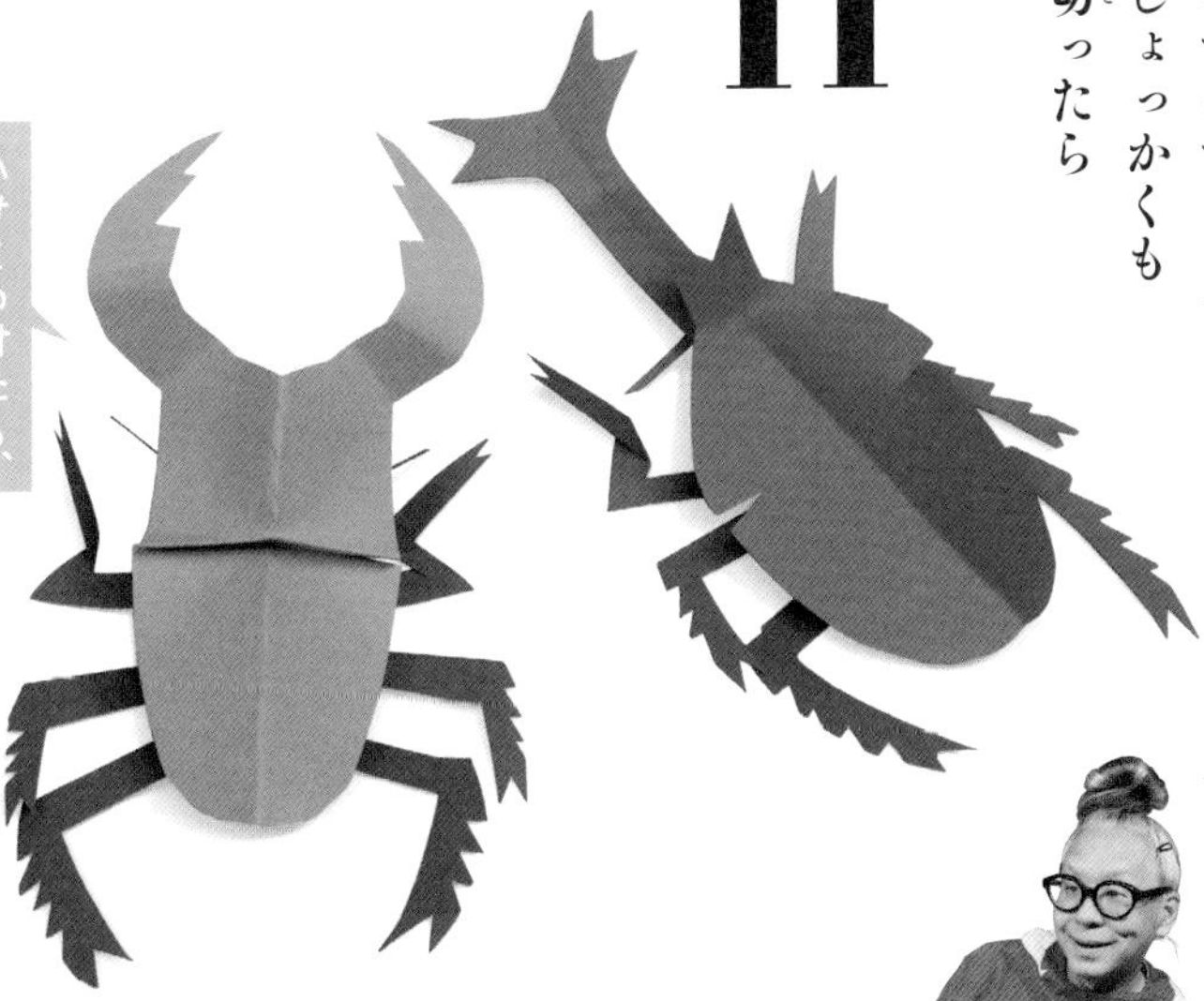
ハサミつけたら、クワガタムシ

カブトムシ、かっこいい！
虫《むし》もはっぱも、おんなじかたち

ギザギザサウルス

［ようい するもの］
オレンジの画用紙《がようし》2まい、赤《あか》のおり紙《がみ》1まい、のり

1

オレンジの紙《かみ》を半分《はんぶん》におって

2
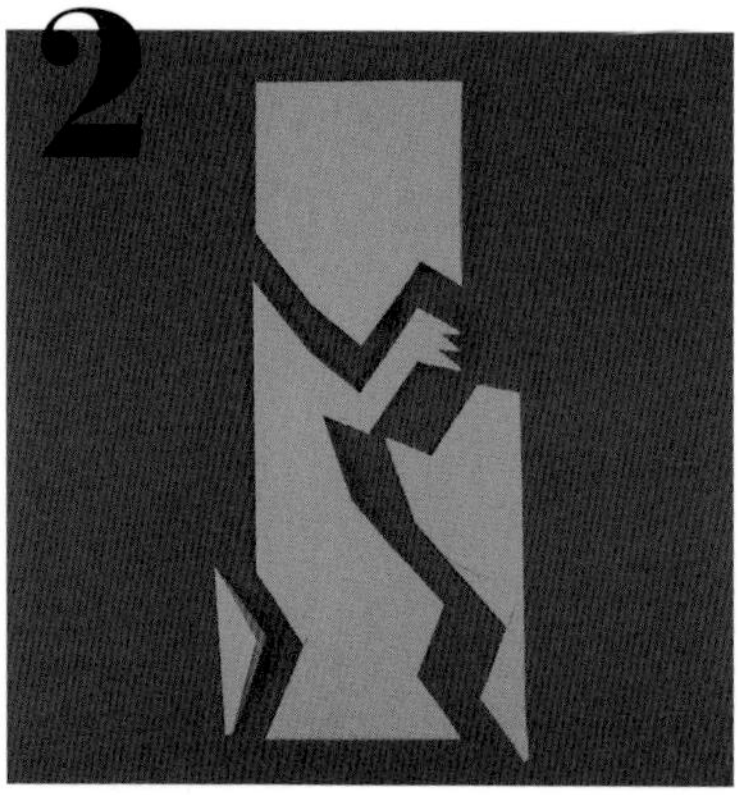
おったほうを左《ひだり》にして、
こんなかたちを切《き》りとってみよう

3

切《き》れたいちばん上《うえ》の紙《かみ》から、
頭《あたま》を切《き》りぬいて

口《くち》のキバはむずかしいね
えんぴつで下書《したが》きして、
ゆっくり切《き》るんやでー

4

前足《まえあし》と後《うし》ろ足《あし》を、
はんたいがわにおりかえす

5

もう1まいの紙《かみ》を半分《はんぶん》におって、
ギザギザと三角《さんかく》を切《き》りとろう

ハサミを入《い》れるのは
おったほうから

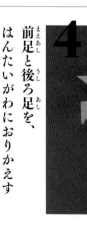

6

背中《せなか》にギザギザを、おしりに三角《さんかく》をはさんで、のりでくっつける

7

頭《あたま》に赤《あか》い目《め》をつけて、体《からだ》と合体《がったい》すれば

気づいた？39ページのおすもうさんと、ほとんど同《おな》じつくり方《かた》やね

8

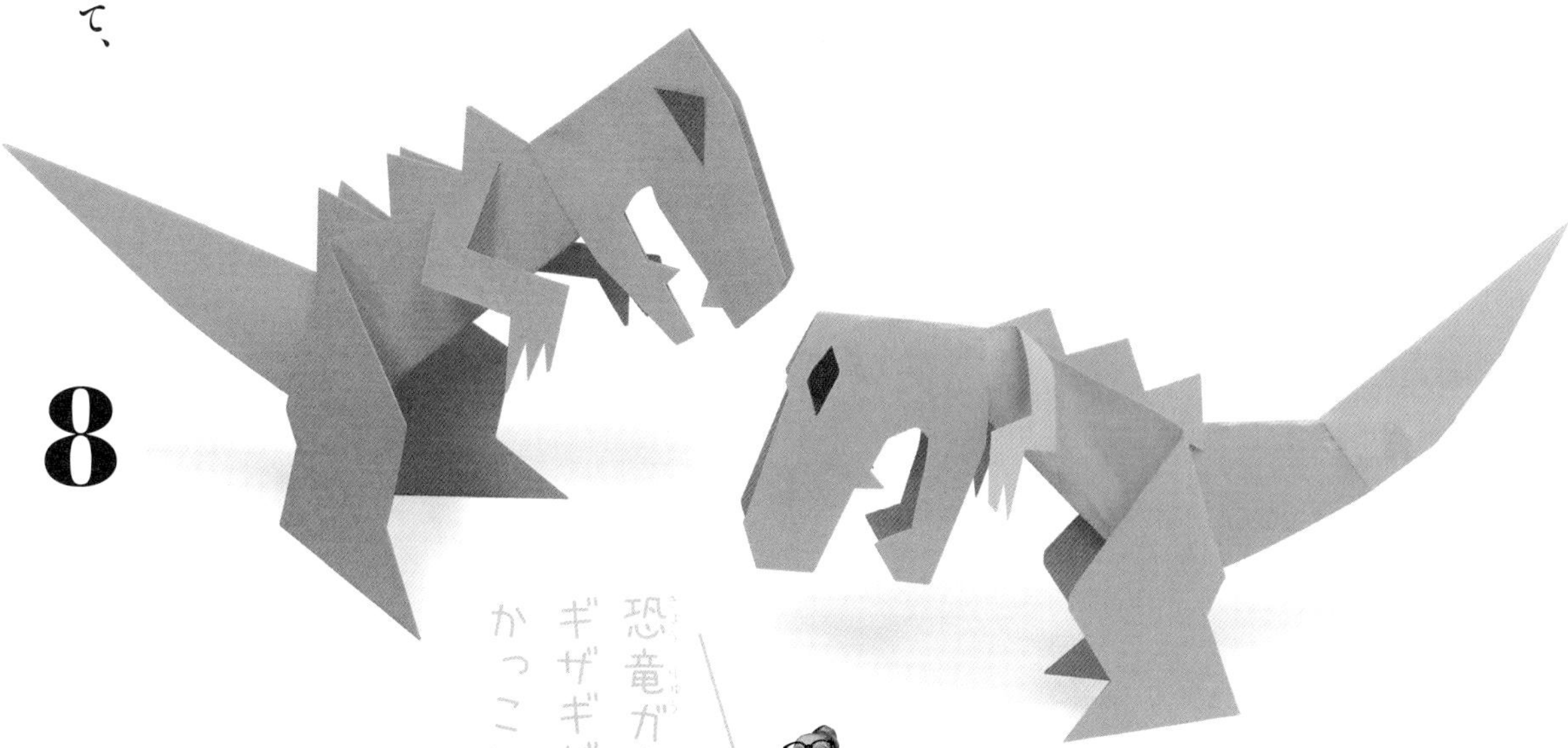

恐竜ガオー！ギザギザサウルス、かっこいい！

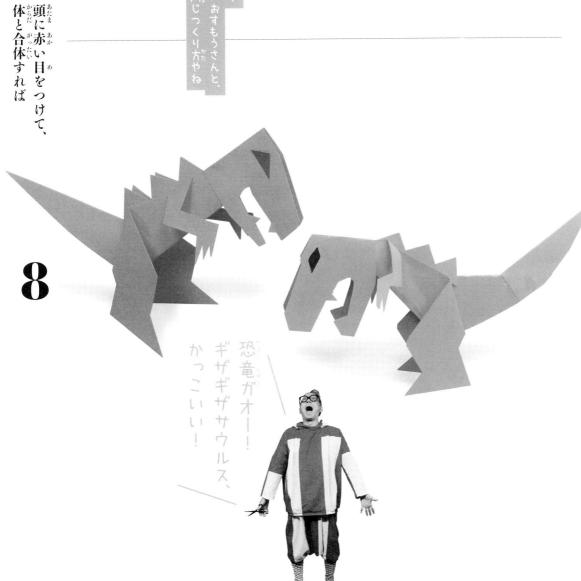

昼休《ひるやす》み

チャンキー作《さく》・切《き》りにがお絵《え》クイズ

1

インスタフォロワー日本一《にほんいち》

2

ドラマチックに生《い》きたプリンセス

3

ドーナッツずきなキングオブロック

4

しょうわの座頭市《ざとういち》

5

ティファニーで朝食《ちょうしょく》たべたい

6

ムーンウォークのキングオブポップ

7

ガラガラヘビがやってくる

8

えいがみたいに、にげちゃった

9

すギョい！

10

歌《うた》、光《ひか》る

11

マッチョなきょくちょう、ごっつええ

12

じゅん、ほたる～

1.渡辺直美《わたなべなおみ》　2.ダイアナ妃《ひ》　3.エルヴィス・プレスリー　4.勝新太郎《かつしんたろう》　5.オードリー・ヘプバーン　6.マイケル・ジャクソン
7.石橋貴明《いしばしたかあき》　8.カルロス・ゴーン　9.さかなクン　10.宇多田《うただ》ヒカル　11.松本人志《まつもとひとし》　12.田中邦衛《たなかくにえ》

13

カレーずきな大《だい》リーガー

14

おわらいリーゼント

15

せかい一《いち》ゆうめいな、おぼうさん

16

せかいをかけるビッグマウス

17

スケボーじょうずなマリーゴールド

18

七色《なないろ》のへんかきゅうをあやつる男《おとこ》

19

へいせいの歌《うた》ひめ

20

ならぬことはならぬものです

21

とべ！ きょうえいの星《ほし》

22

テクノを広《ひろ》めた日本《にほん》の音楽王《おんがくおう》

23

ザ・ハリウッドスター

24

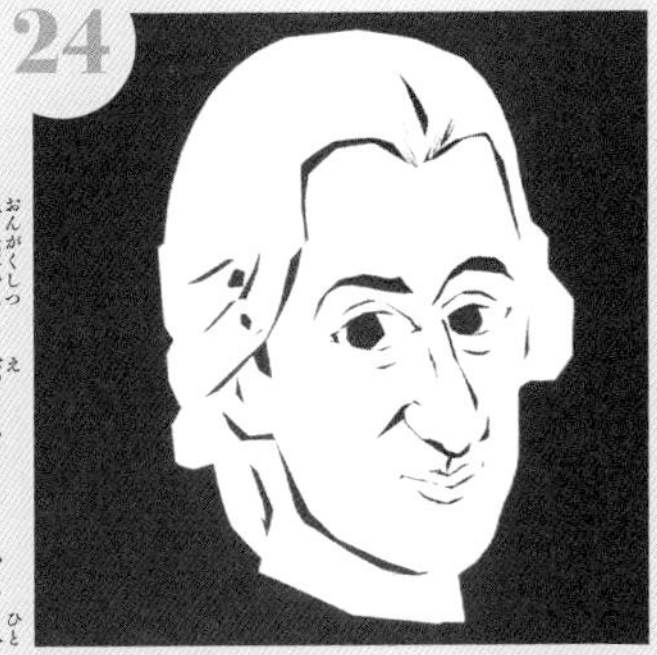

音楽室《おんがくしつ》の絵《え》でおなじみの人《ひと》

13.イチロー　14.みやぞん　15.ダライ・ラマ14世《せい》　16.本田圭佑《ほんだけいすけ》　17.あいみょん　18.ダルビッシュ有《ゆう》

19.安室奈美恵《あむろなみえ》　20.綾瀬《あやせ》はるか　21.池江璃花子《いけえりかこ》　22.細野晴臣《ほそのはるおみ》　23.ハリソン・フォード　24.モーツァルト

かまずに名前《なまえ》を言《い》えるかな？

ジャズのていおう

ワンチーム

むらさきのでんか

だれの顔《かお》か、
ぜんぶ
わかった？
みんなで
当《あ》ててみて！

25.きゃりーぱみゅぱみゅ　26.マイルス・デイビス
27.稲垣啓太《いながきけいた》(右上《みぎうえ》)、田村優《たむらゆう》(右下《みぎした》)、松島幸太朗《まつしまこうたろう》(左下)、リーチ・マイケル(左上《ひだりうえ》)　28.プリンス

にがお絵《え》は、人《ひと》も自《じ》分《ぶん》も楽《たの》しくしてくれる

みんな、にがお絵《え》って、かいたことある？　ぼくは、小さいころからにがお絵《え》をかくのがとくいでね。ようちえんで先生《せんせい》のにがお絵《え》をかいてたら、友《とも》だちがあつまってきて、にてるってほめてくれたことをおぼえてる。

にがお絵《え》のれんしゅうのし方《かた》を教《おし》えますね。モデルはひとりだけじゃなく、たとえば3人《にん》くらいならんでもらってかくこと。顔《かお》の大《おお》きさ、かみがた、目《め》やはなや口《くち》の大《おお》きさ、りんかく、3人《にん》くらべることで、ひとりのこせいがハッキリ見《み》えて、かきやすくなるんだよ。

なんで、にてると楽《たの》しくなるんやろね。にがお絵《え》には、デフォルメってかき方《かた》がある。はなが少《すこ》し大《おお》きな人《ひと》なら、はなを大《おお》きくかいたり、とくちょうてきなとこをオーバーにかくことなんやけど、ぼくはあんまし、すきやないんよね。かかれた人《ひと》にとっては、デフォルメされたとこって、自分《じぶん》ではすきでなかったり、気《き》にしてるとこだったりするかもやから。それよりも、その人《ひと》のもっているムードがだいじやなあ。ピシッとした人《ひと》、なよっとした人《ひと》、ホワンとした人《ひと》。そのムードがにがお絵《え》にでるようにかいてるんや。

どんなりっぱなげいじゅつかも、さいしょはまねからはじめるんでね。まねてきたことわすれるくらいくんれんして、自分《じぶん》のぎじゅつにじしんがついて、やっと一《いち》人前《にんまえ》になるんです。ぼくはずーっとまねしてるんやな。せやったら、いっそ思《おも》いきって、そっくりなにがお絵《え》をつくってみたい。

切《き》り絵《え》やってるとき、ぼくの目《め》は手《て》になったかのように、モデルさんの顔《かお》にふれてるかんじやねん。目《め》が手《て》になってふれるって、ふしぎでしょ。でもね、よく見《み》るって、そんな気《き》もちになるんよ。よく見《み》ることを「めでる」っていうんです。あいすることをいみする「めでる」と同《おな》じことば。いとおしいものを見《み》るときと、いやなもん見《み》るときとでは心《こころ》がちゃうやろ。心《こころ》がさわりたいってなって、その気《き》もちが、目《め》でふれたいってことなんやね。

にがお絵《え》って、ひとによろこんでもらうものやと思《おも》う。顔《かお》って、その人《ひと》が一生《いっしょう》つきあっていくものだよね。それはすごいことや。一生《いっしょう》だよ。とっても大切《たいせつ》なものやから、だいじにかきたいと思《おも》うし、みんなも自分《じぶん》のことを気《き》にかけてほしい。たまには自分《じぶん》のにがお絵《え》をかいてもらってくださいね。自分《じぶん》をめでるために。

5時間目《じかんめ》

ほとんど切《き》らない切《き》り絵《え》

こうはくハートのねずみ

［よういするおり紙《がみ》］赤《あか》・白《しろ》を1まいずつ

赤《あか》と白《しろ》の紙《かみ》をかさねて半分《はんぶん》におって

おったほうからハサミを入《い》れて、こんなかたちを切《き》りとろう

ひらいたら、こうはく半分《はんぶん》ずつのハート、めでたいなー

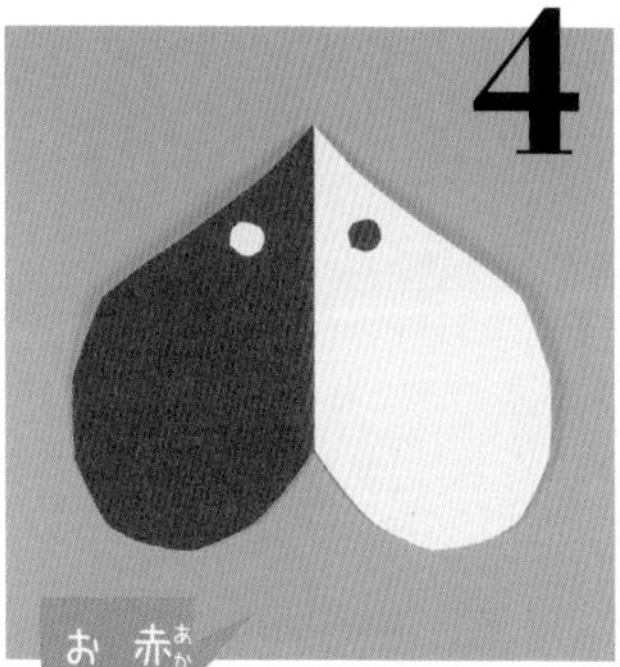

あまった紙《かみ》で、小《ちい》さなまるを切《き》って、さかさまのハートにおこう

赤《あか》と白《しろ》のおめめだよ

耳《みみ》も切《き》って、しっぽも切《き》って、こんなふうにつけてみよう

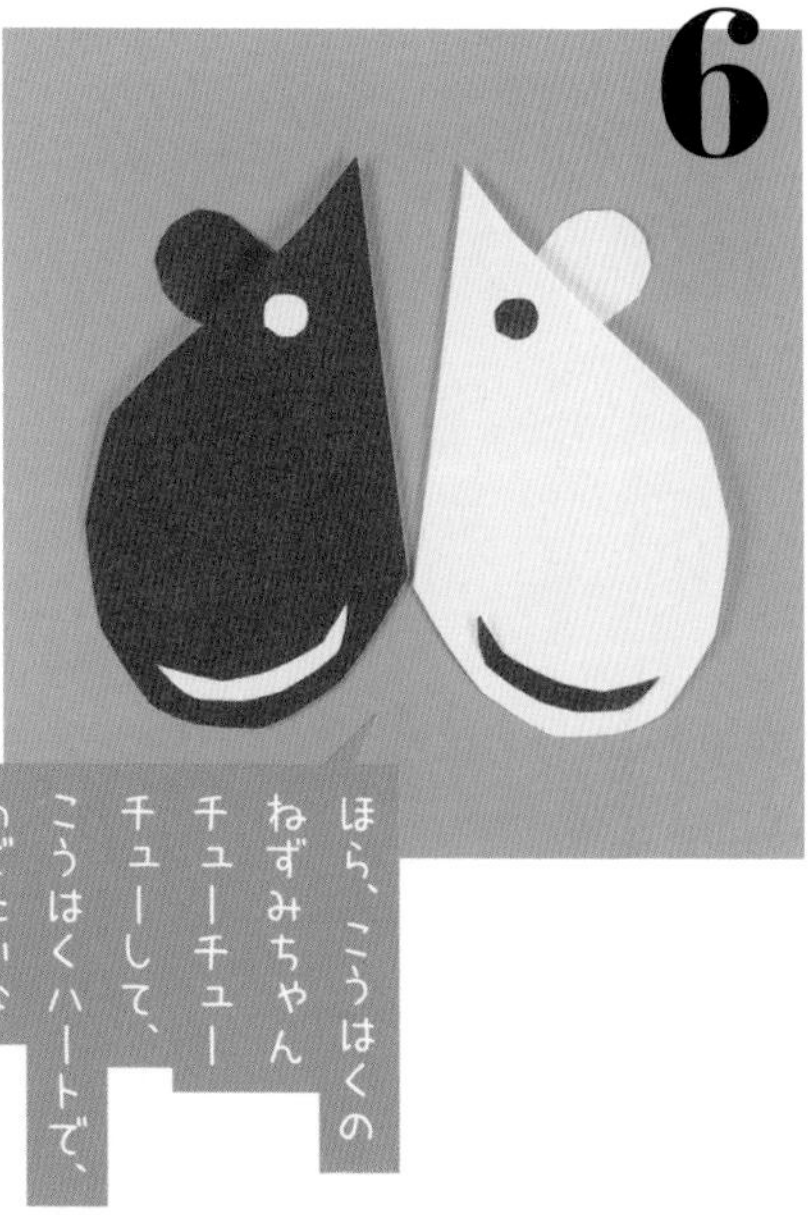

ほら、こうはくのねずみちゃんチューチューチューして、こうはくハートで、めでたいな

パズルなゾウ

［よういするおり紙《がみ》］青《あお》2まい

1

青《あお》い紙《かみ》の上《うえ》の角《かど》を、
まるく切《き》りおとそう

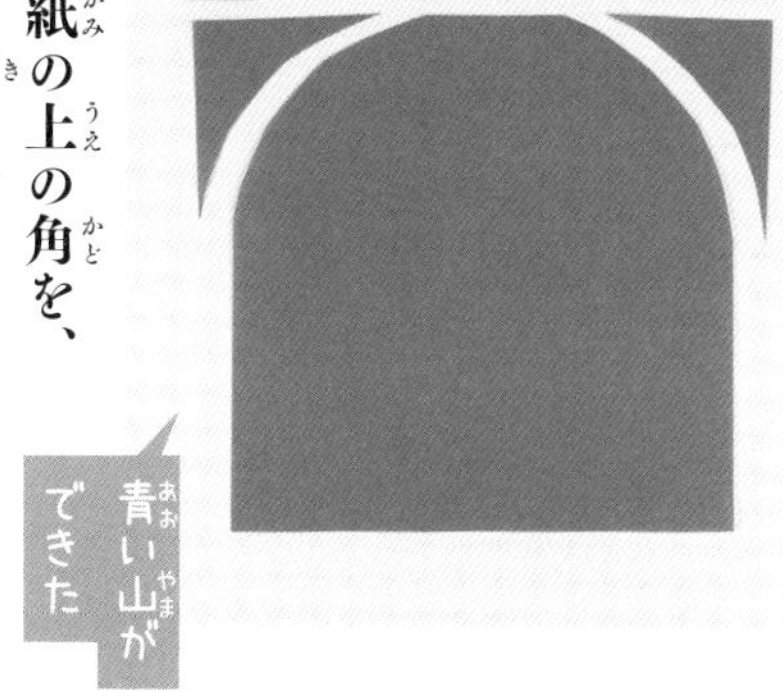
青《あお》い山《やま》が
できた

2

大《おお》きな山《やま》を、
こんなかたちに切《き》りわける

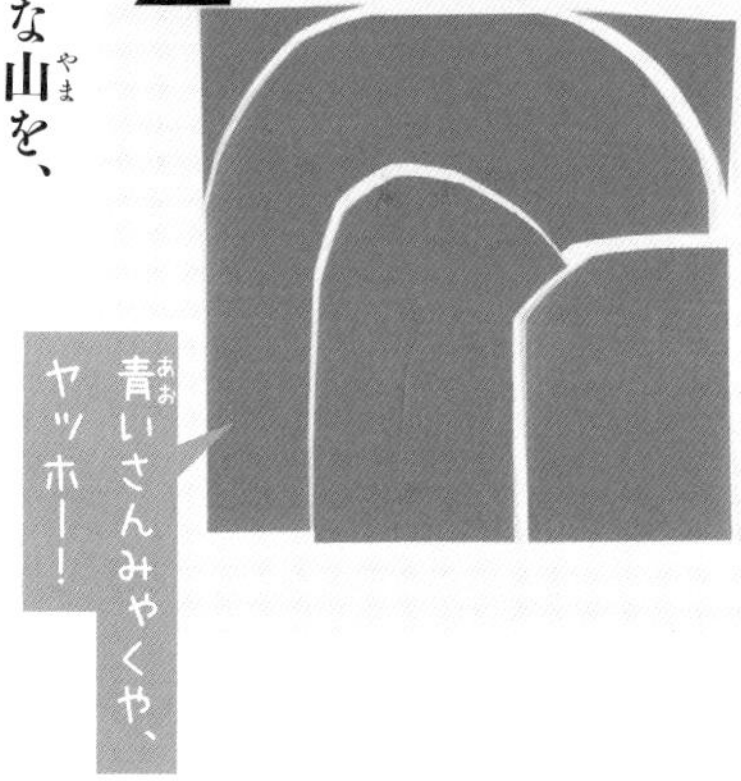
青《あお》いさんみゃくや、
ヤッホー！

3

まんなかの山《やま》を半分《はんぶん》、切《き》りとったら
反時計《はんとけい》まわりにかたむいた

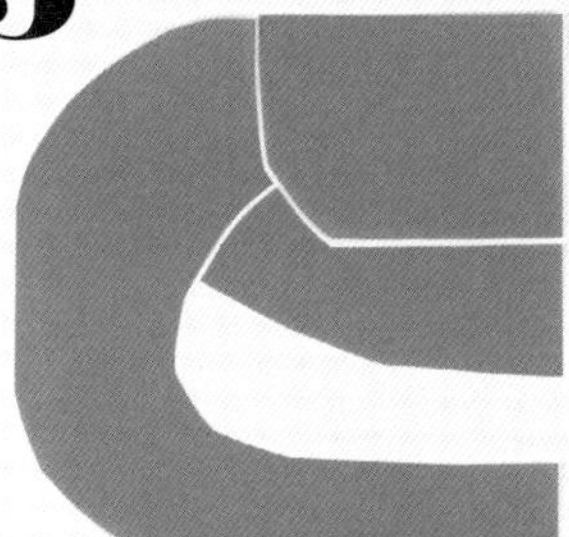

4

もう1まいの青《あお》い紙《かみ》から、
こんなかたちを切《き》りとろう

5

ふたつのかたち、
くっつけて、
つながってた
道《みち》を切《き》りはなす

6

あまった紙《かみ》で、しっぽ、キバ、
おめめを切《き》って、つけたら

青《あお》いゾウさん
パオー、パオー

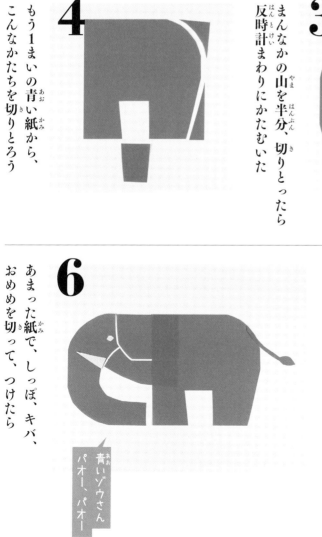

三角《さんかく》にがお絵《え》①

［ようするおり紙《がみ》］ピンク1まい、黒《くろ》2まい、ハデな色《いろ》1まい

1

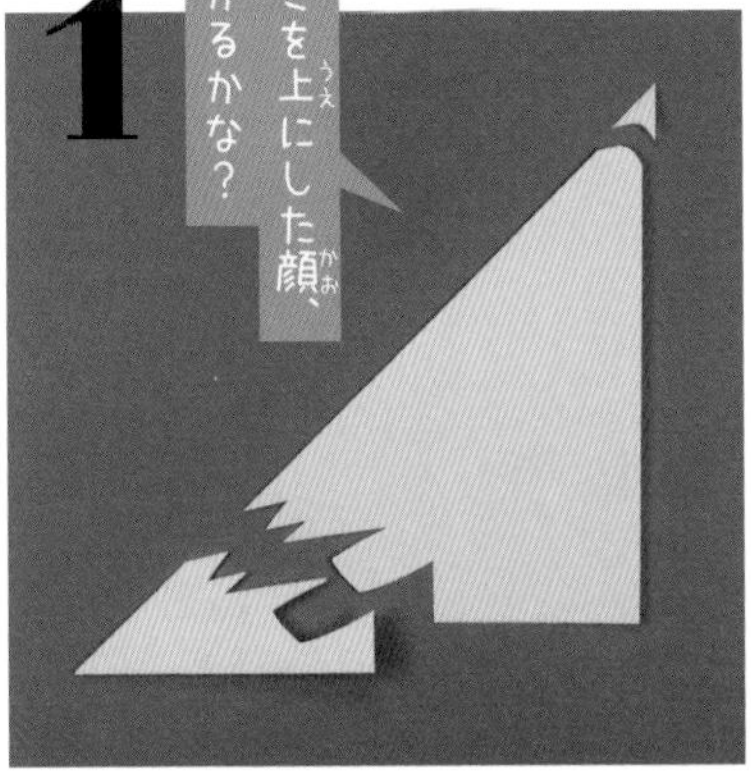
あごを上《うえ》にした顔《かお》、
わかるかな？

ピンクの紙《かみ》を三角《さんかく》におって、
こんなかたちに切ってみよう

2

中《なか》まで切《き》ってから、
あなをあけるよ

まゆ毛《げ》、目《め》、はな、口《くち》
横顔《よこがお》だから、ひとつずつ切《き》ろう

3

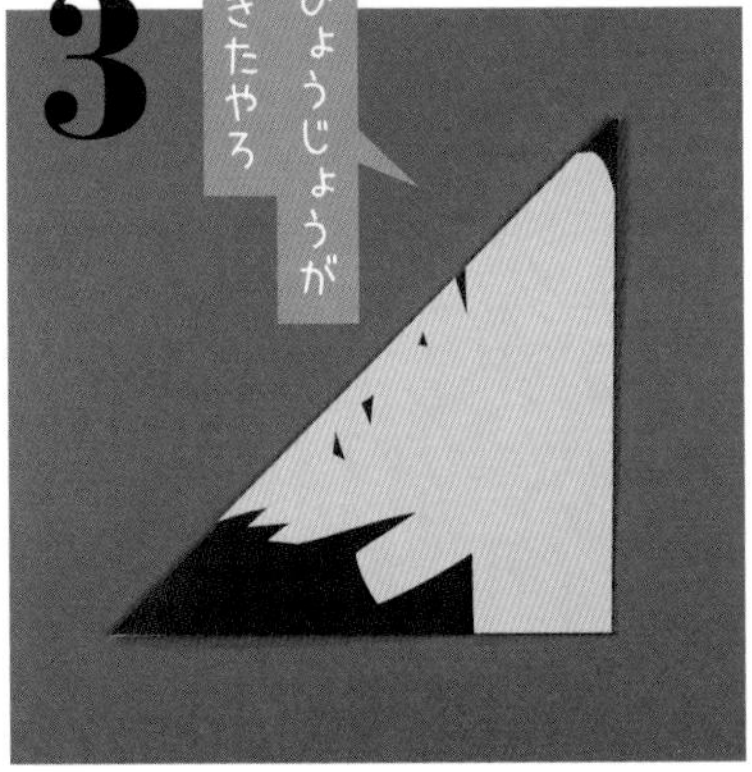
ほら、ひょうじょうが
見《み》えてきたやろ

黒《くろ》い紙《かみ》を三角《さんかく》におって、
顔《かお》のあいだにはさんだら

4

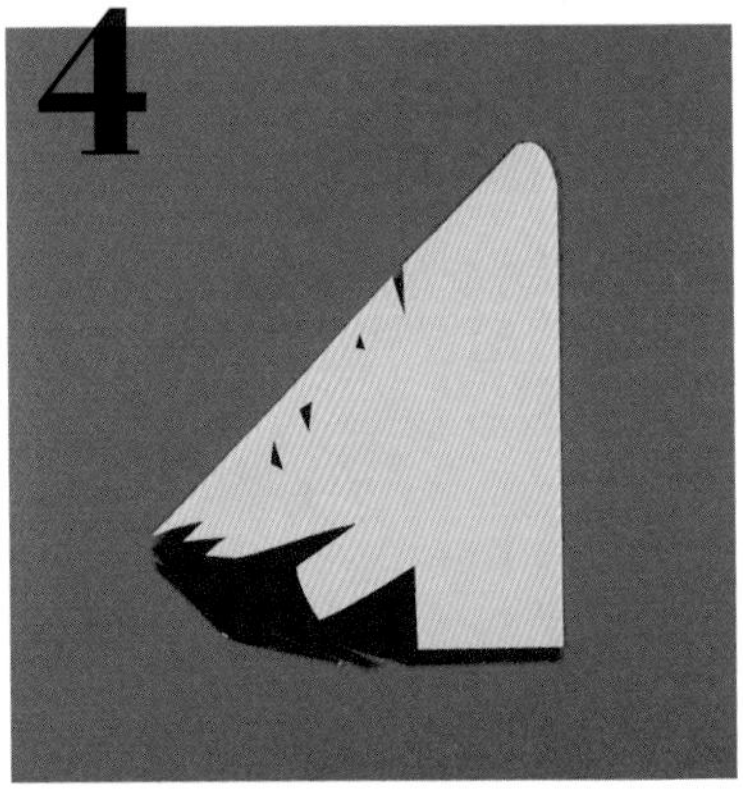

あごひげと、
かみの毛《け》のとんがりを切《き》りおとす

5

もう1まいの黒《くろ》い紙《かみ》で、
メガネを切《き》って、のせる

6

さいごに、ハデなふくをきせて、
かんせい

だれでしょ？
ヒントは、
まんざいし

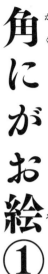

三角《さんかく》にがお絵《え》②

［よういするおり紙《がみ》］だいだい色《いろ》2まい、黒《くろ》2まい、ハデな色《いろ》1まい

1

だいだい色《いろ》の紙《かみ》を三角《さんかく》におって、こんなかたちに切《き》ってみよう

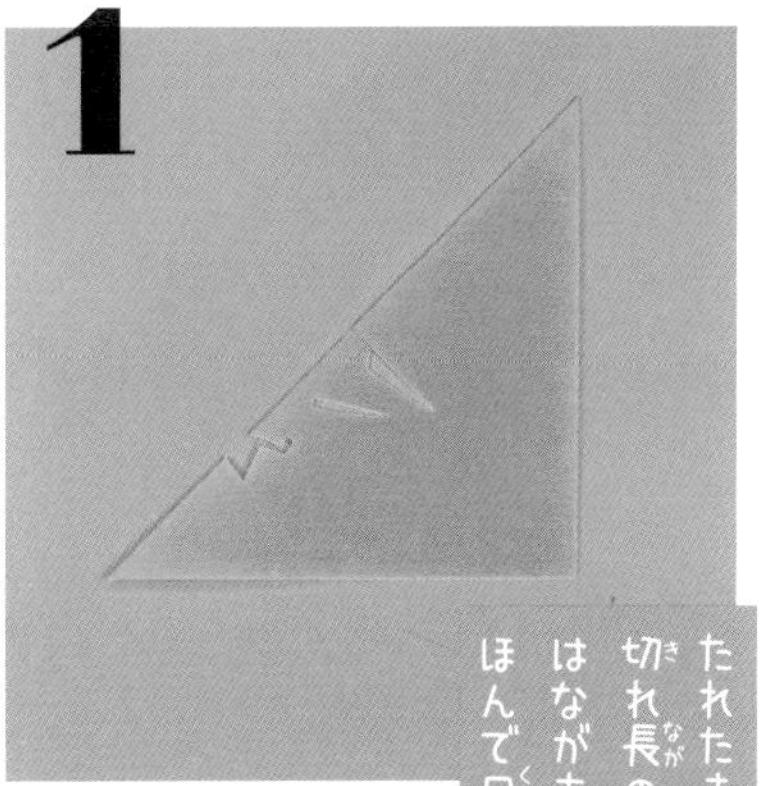
たれたまゆ毛《げ》、
切《き》れ長《なが》の目《め》、
はながあって、
ほんで口《くち》

2

頭《あたま》とあごを切《き》る

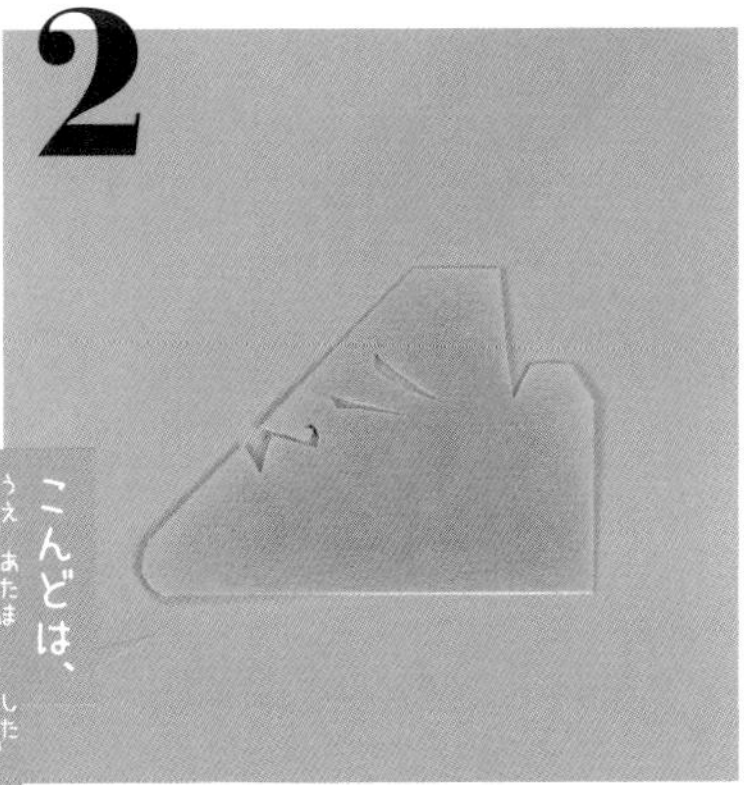
こんどは、
上《うえ》が頭《あたま》で、下《した》があごって、あたりまえやん！

3

黒《くろ》い紙《かみ》を2まい、三角《さんかく》におって、1まいを顔《かお》のあいだにはさんだら

ひょうじょうが
見《み》えてきた

4

もう1まいの三角《さんかく》をこんなかたちに切《き》って、頭《あたま》にのせてみよう

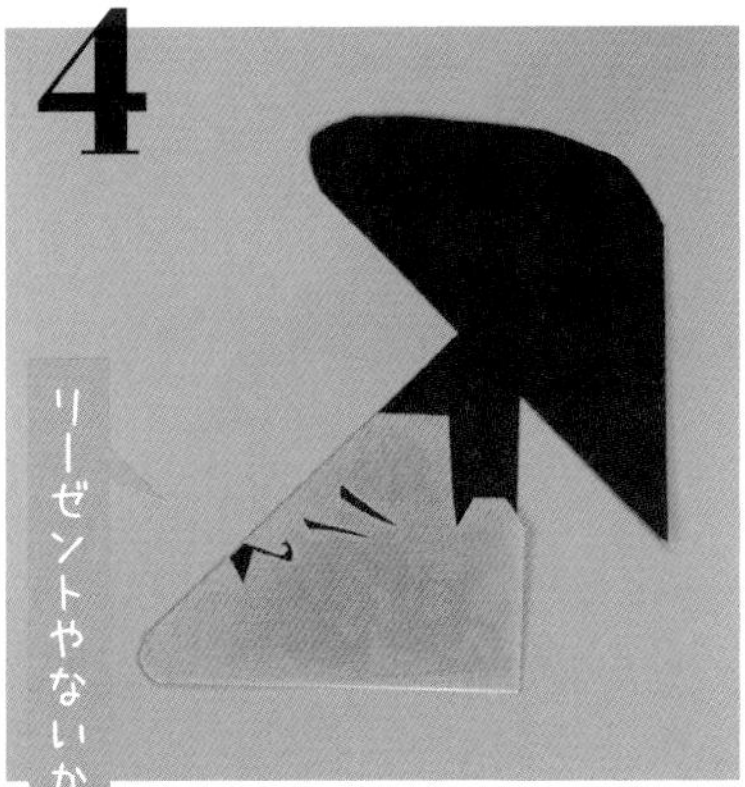
リーゼントやないか！

5

もう1まいのだいだい色《いろ》の紙《かみ》で、首《くび》を切《き》ってつける

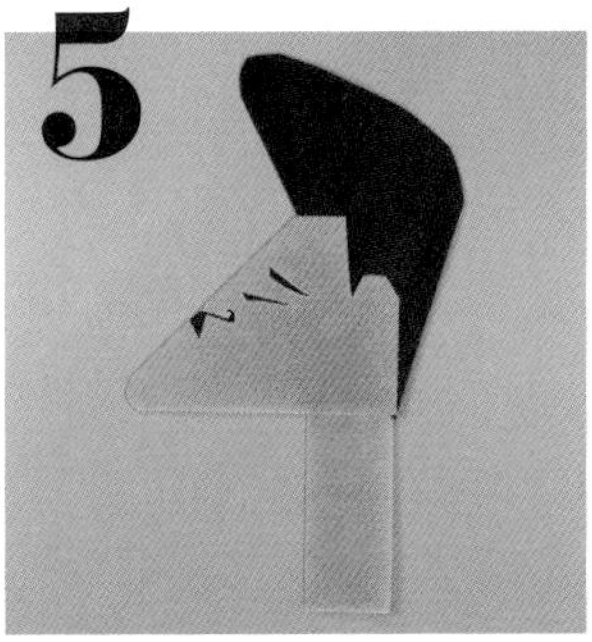

6

さいごに、ハデなふくをきせて、かんせい

ヒントは、45ページにあるぞん
うわ、ゆうてもた！

6時《じ》間《かん》目《め》

そうぞう力《りょく》で見《み》てみよう

組《く》み合《あ》わせただけなのに

［ようい するおり紙《がみ》］黄色《きいろ》・ピンク・青《あお》を1まいずつと、すきな色《いろ》

1

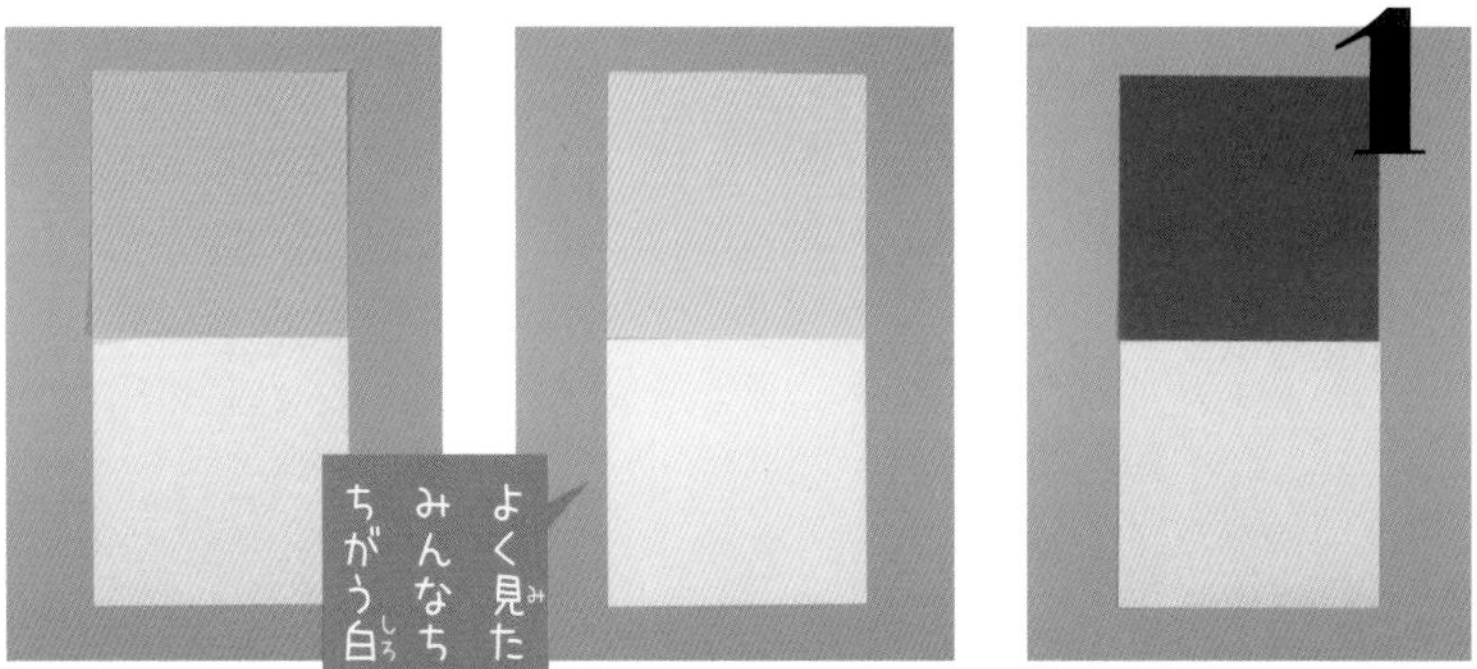

黄色《きいろ》、ピンク、青《あお》の紙《かみ》を うらがえしして、くらべてみよう

よく見《み》たら、みんなちょっとずつ、ちがう白《しろ》

2

この3つの白で、いろんなかたちの雲《くも》を切《き》ろう

雲《くも》のかたちも 同《おな》じものはないね すきなように 切《き》ってごらん

3

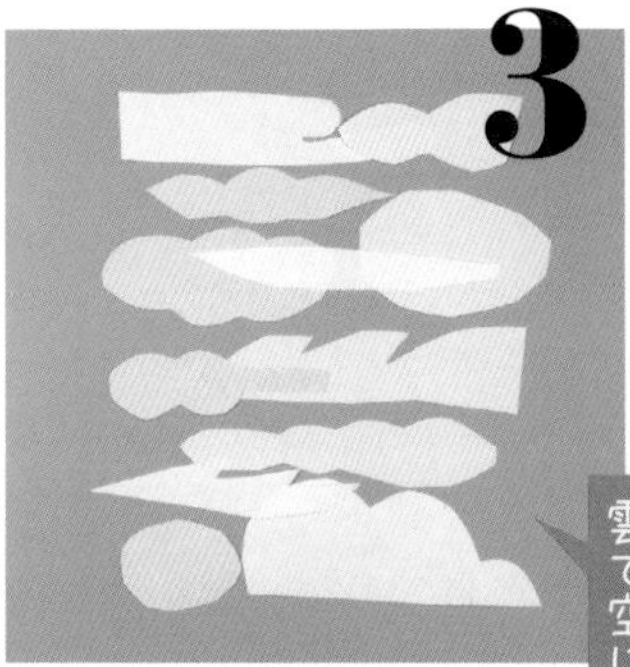

空《そら》になった！ 雲《くも》で空《そら》に絵《え》をかくんだ

4

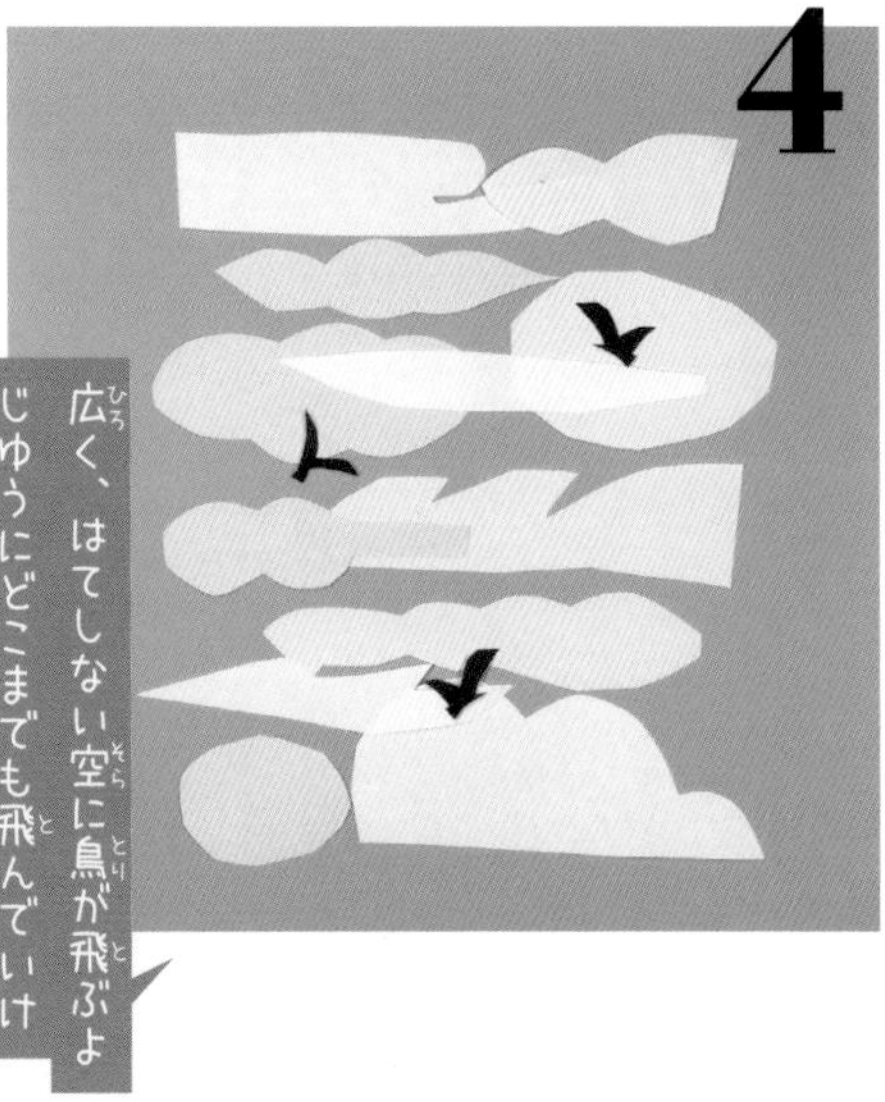

切《き》った雲《くも》を、ぜんぶ組《く》み合《あ》わせてみよう

広《ひろ》く、はてしない空《そら》に鳥《とり》が飛《と》ぶよ じゆうにどこまでも飛《と》んでいけ

組《く》み合《あ》わせたら
見《み》えてくるもの
こんなのもあるよ!

1

いろんなもようを切《き》って

2

まるの上《うえ》にのっけたら

ふくめんに
なった!

1

青《あお》い紙《かみ》を半分《はんぶん》におって、
こんなかたちに切《き》ってみよう

2

切《き》ったら、ひらいて

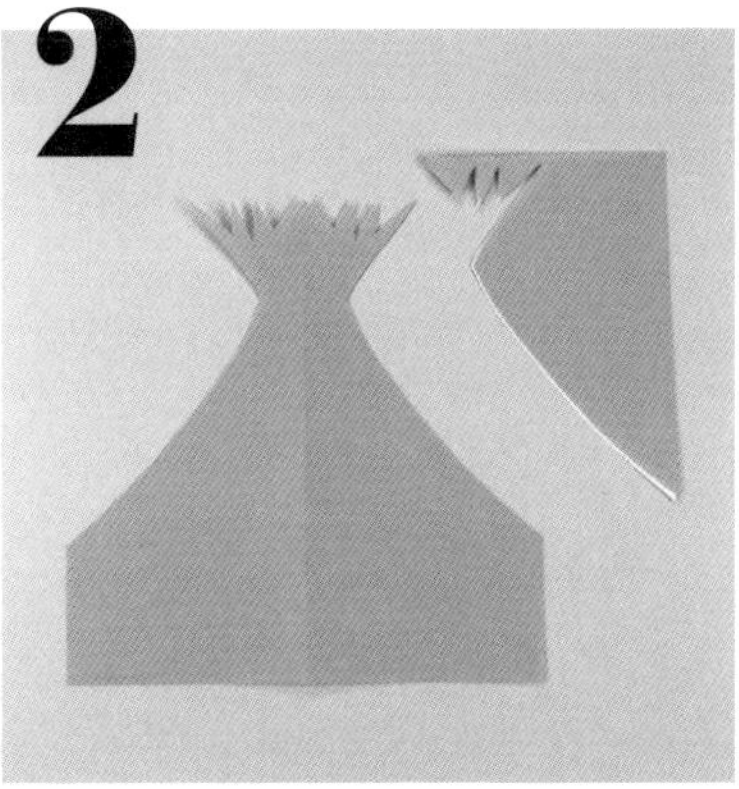

3

ギザギザ頭《あたま》をおりかえす

富士山《ふじさん》や!

4

新幹線《しんかんせん》に東京《とうきょう》タワー
組《く》み合《あ》わせたら、
ふうけいになった!

ちょうちょがいっぱい

［ようい するおり紙《がみ》］
黄《き》色《いろ》1まい、黄《き》色《いろ》と組《く》み合《あ》わせたい色《いろ》

1

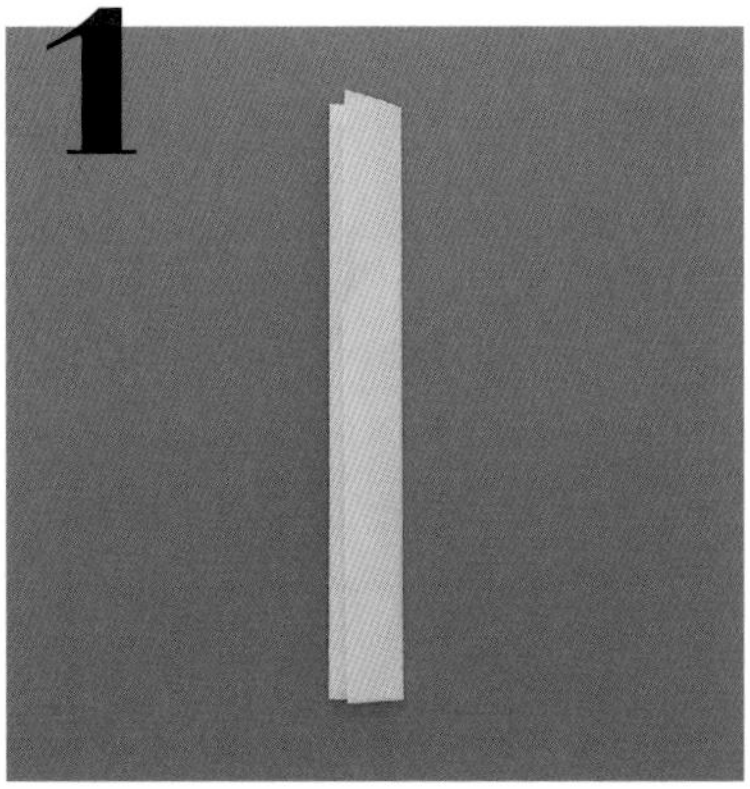

黄《き》色《いろ》の紙《かみ》を半分《はんぶん》におって、さらに半分《はんぶん》、またさらに半分《はんぶん》におる

2

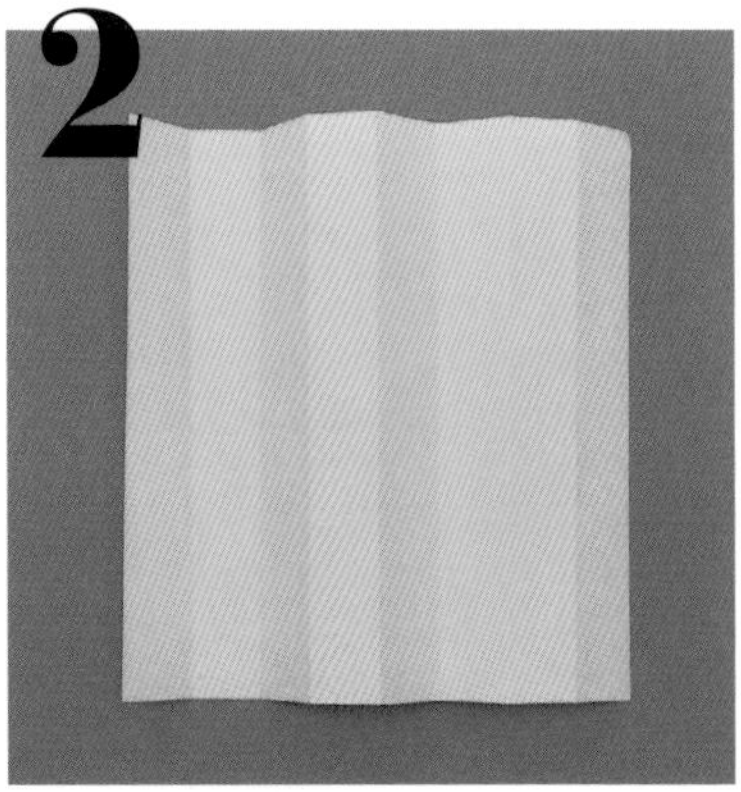

ひらいたら、おり線《せん》が見《み》えるよね

3

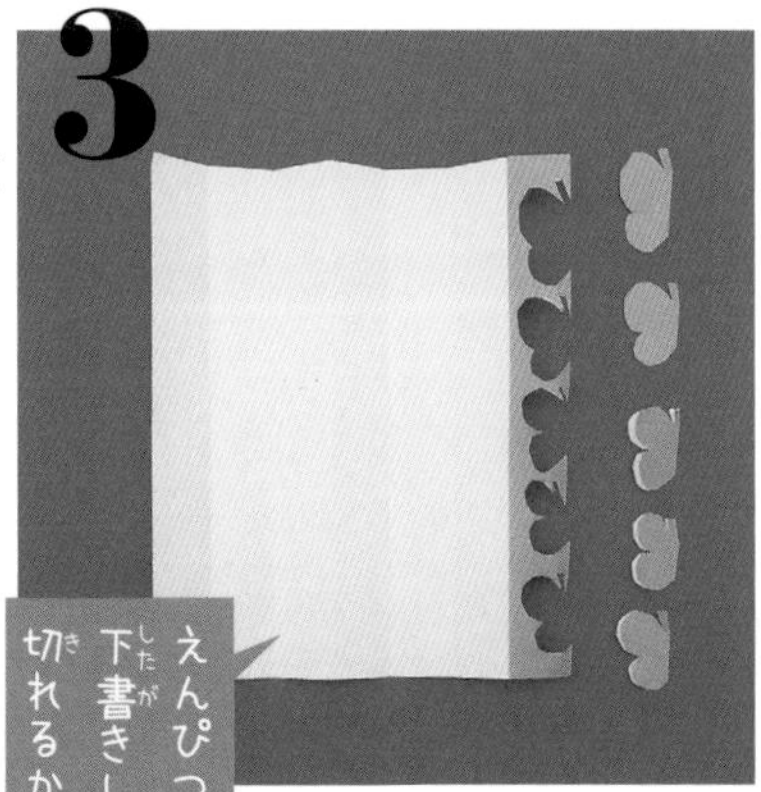
えんぴつで
下書《したが》きして、
切《き》れるかなー？

おり線《せん》のところでおりかえして、こんなかたちを切《き》りとろう

4

広《ひろ》げたら、わあ！
ちょうちょが
いっぱい！

同《おな》じように、おり線《せん》のところをひとつおきに切《き》っていく

5

ちょうちょとあそぼう
糸《いと》に通《とお》したら、
首《くび》かざりにもなるよ

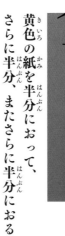

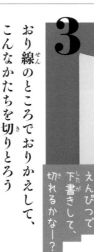

キッチンどうぐショー

［ようい するおり紙《がみ》］すきな色《いろ》を1まいずつ

1

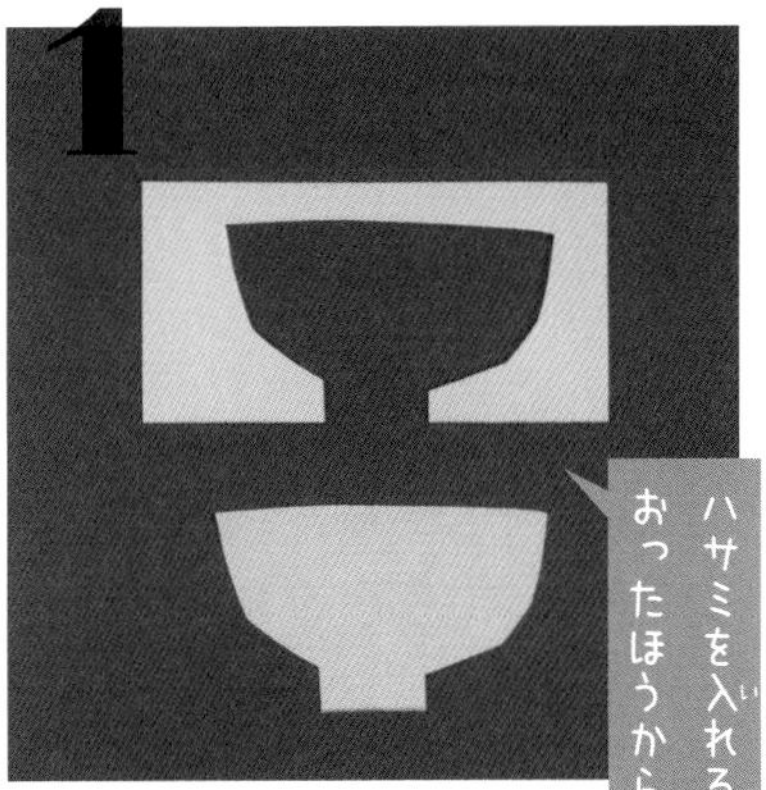

まずは、おちゃわん
紙《かみ》を半分《はんぶん》におって、切《き》ってみよう

ハサミを入《い》れるのは
おったほうから

2

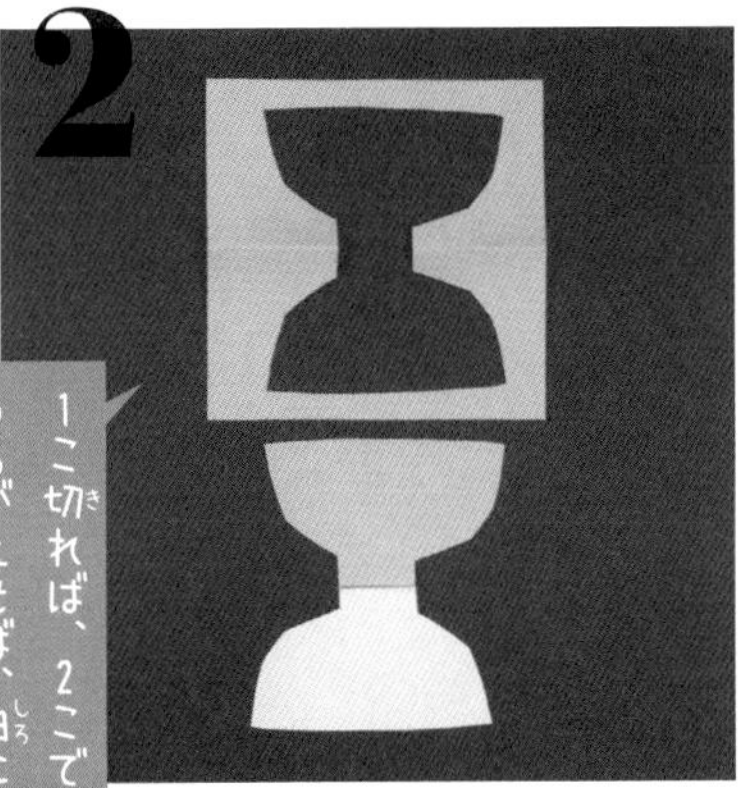

ひらいたら、
くっついているところを切《き》りおとす

1こ切《ぎ》れば、2こできて、
うらがえせば、白《しろ》になる

3

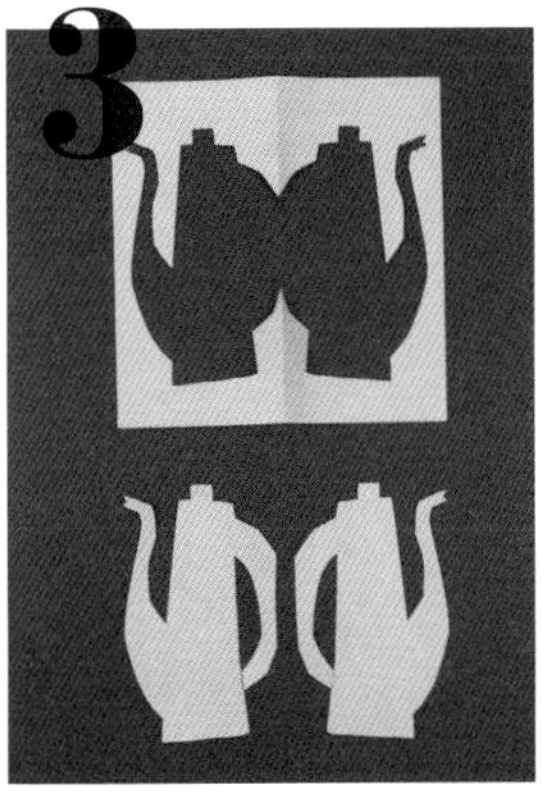

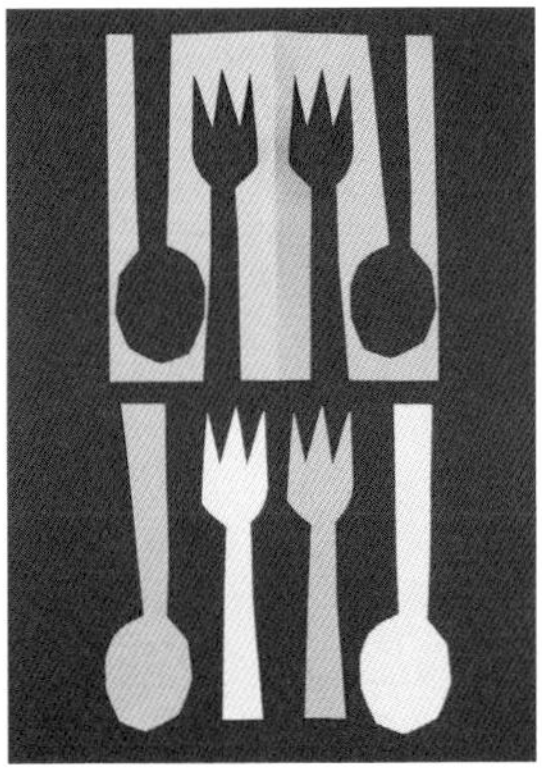

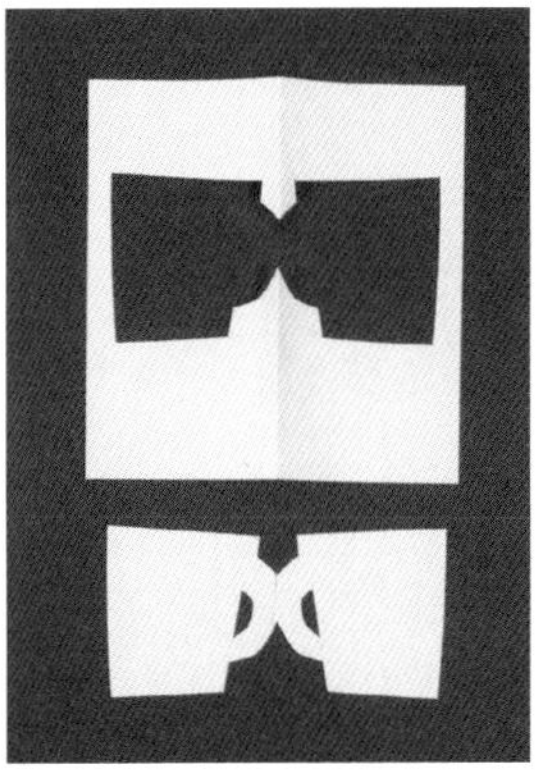

カップにポット、スプーンと
フォークも切《き》ってみよう

4

だれもいないキッチンはしずかだよ
みんなきれいにならんで、
つぎの出番《でばん》をまってるんだ

いつも
つかってる
どうぐたち
ならべてみたら、
きれいだよ

のこりものにはナニがある？

［ようい する おり紙《がみ》］
のこった切《き》れはし

1

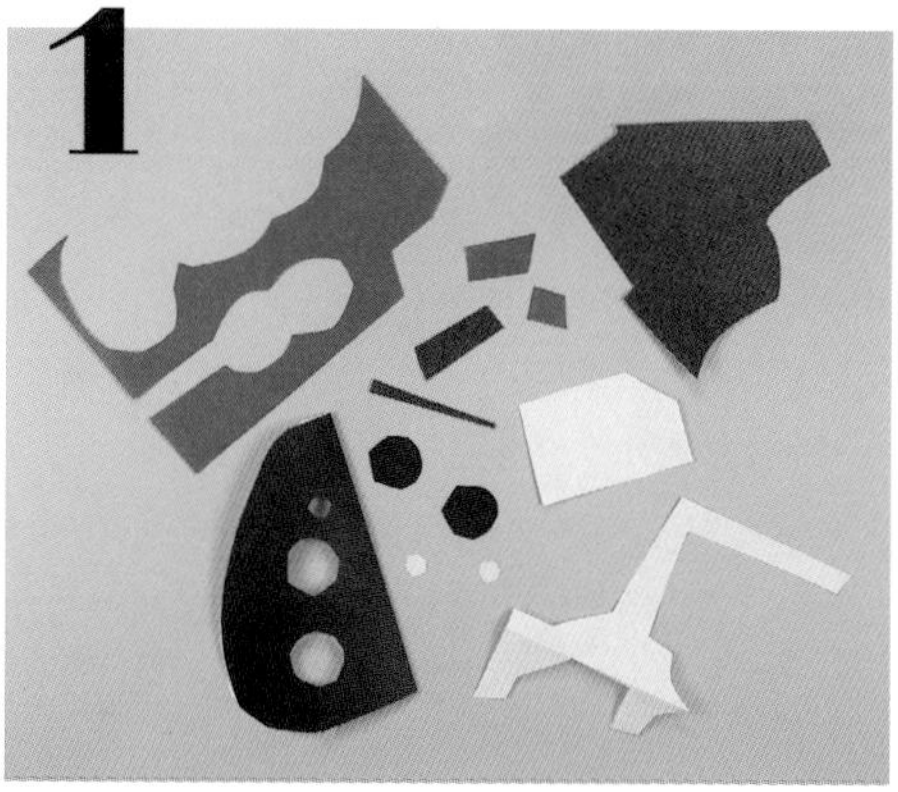

のこりもの、
アカ、シロ、
アオ、クロ
ナニ見《み》える？
ナニがある？
マルいクロ、
シロいシカク、
アカいセン、
アオいシカクで、
ナニがある？♪

2

あつめて
みたら♪

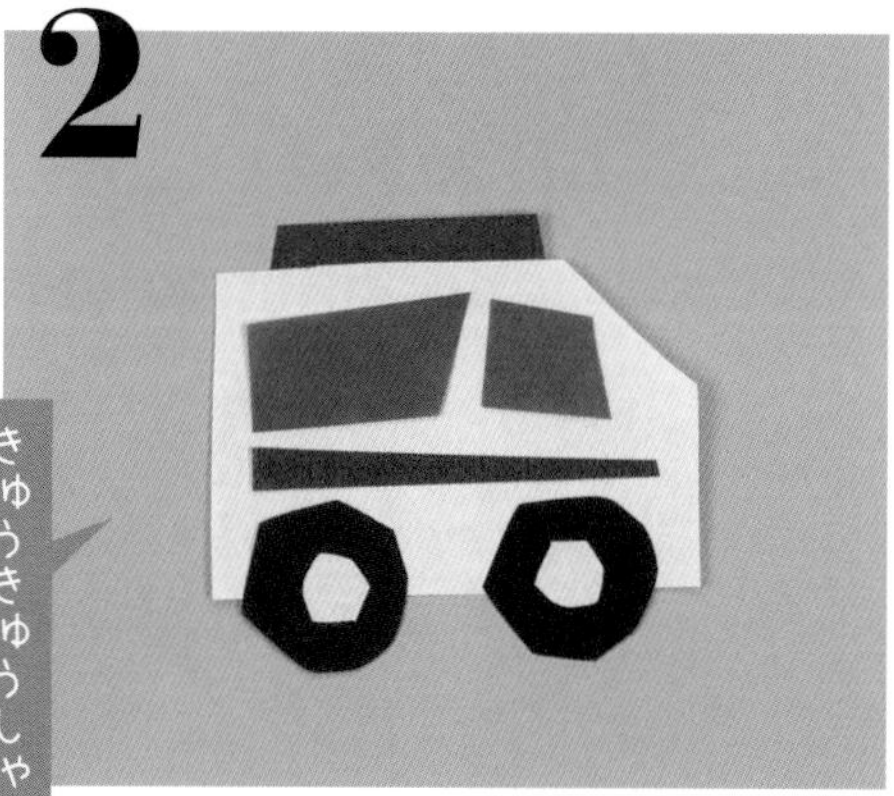

きゅうきゅうしゃが
あった！

3

のこりもので、
つくったくるま
のこりもので、
つくるせかい♪

切《き》り絵《え》をした
あとの切《き》れはし
すてるなんて、
もったいない！
こんなあそびを
やってみよう

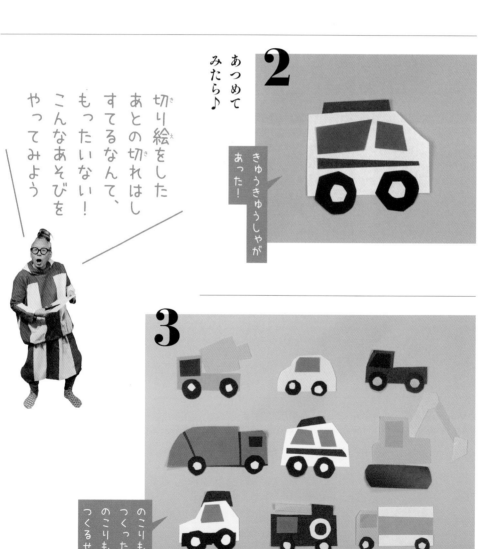

4

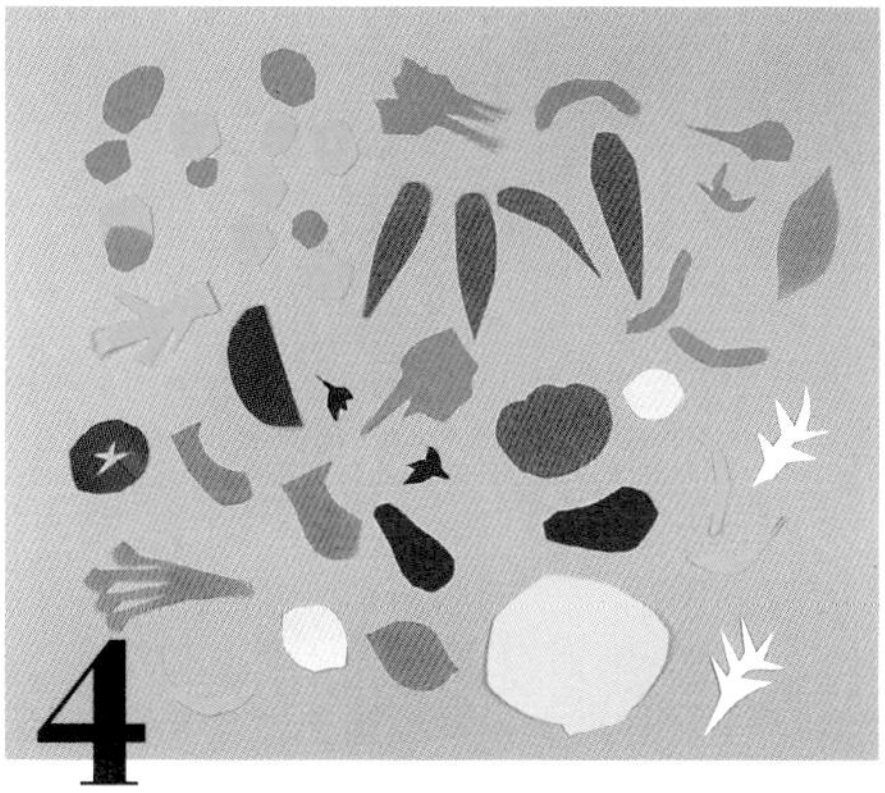

のこりもの、アカ、
ミドリ、キイロ、ムラサキ
ナニ見《み》える？　ナニがある？
パズルみたいに、だんだん、
だんだん見《み》えてくる♪

5

あつめてみたら♪

いろんなやさいが
たくさんあった！
どんなりょうりを
つくる？

のこりものでも、
こんなにあそべる
チョキチョキチョッキン、
チョッキンマジック！♪

おわりの会《かい》

2020年《ねん》は、とくべつな年《とし》になりました。
おとなも子《こ》どもも、ステイホームをしなさいと言《い》われました。
やっぱり外《そと》はちょっとこわいわな。おとなもそやから、みんなそう。
もちろん、おうちにいても楽《たの》しいことはいっぱいあるけど、
どっかものたりなかったり、ちょっとさびしかったり。

で、みんな何《なに》か新《あたら》しいこと、はじめたりしたんでしょう。
ぼくは「インスタグラム」をつかって、毎日《まいにち》、切《き》り絵《え》のどうがをはいしんしました。
切《き》り絵《え》してても、口《くち》ならうごくから、ひとりでしゃべりながら切《き》り絵《え》をつくる。
そのようすを見《み》てもらう。「おてもとラジオ」と名《な》づけてやってみると、
見《み》てくれる人から、メッセージが来《き》たりして楽《たの》しいし、
さびしくないし、切《き》り絵《え》のれんしゅうもできるからと、
1年《ねん》のあいだで200回《かい》くらいはいしんして、いまもつづけています。
この本《ほん》のなかには、おてもとラジオでつくった切《き》り絵《え》のネタがいっぱい入《はい》ってるんや。

楽《たの》しいどうがを見《み》るだけでもおもしろいやろうけど、
自分《じぶん》で手《て》をうごかしてつくるのって楽《たの》しいよ。

もしかしたら、この本《ほん》の切《き》り絵《え》をつくってみても、うまくできへんかもしれん。
そやけど、それでいいんよ。
なんかちがうかたちの切《き》り絵《え》が生《う》まれるのもええ!
で、ぼくの切《き》り絵《え》なんかよりもおもしろい切《き》り絵《え》ができたりするはず。
そんな切《き》り絵《え》ができたら、ぼくに教《おし》えてや。

ぼくも、たくさんのおきゃくさんのまえで歌《うた》ったり、
切《き》り絵《え》ショーするのは好《す》きやけど、
いま外《そと》はあらしだから、がまんしなきゃね。
でも、いつかあらしはすぎて、晴《は》れた日《ひ》がきっとくる。
それまで、あんぜんなおうちのなかで、
思《おも》いっきりあそぼう!
レッツ・プレイ・アット・ホーム!
ぼくらは、思《おも》いっきり生《い》きて、あそべばええ。
この星《ほし》は、そのためにあるんやから。

2021年《ねん》4月《がつ》2日《か》
チャンキー松本《まつもと》

ほうかご

切《き》り絵《え》歌《うた》であそぼう

ほうかごは歌《うた》にあわせて切《き》ってみよー
（歌《うた》の聞《き》き方《かた》は62ページ）

［よういするおり紙《がみ》］
白《しろ》・黒《くろ》・赤《あか》・ピンクを1まいずつ

1

ある朝《あさ》、
あくまが
やってきた
首《くび》を長《なが》くして、
まっていた♪

2

空《そら》から、
だんしゃり中《ちゅう》
のUFO《ゆーえふおー》♪

3

ゴミ
おとした♪

4

こわれかけの
グラサン
おとした♪

5

ある朝《あさ》、
あくまは
やせていた
ひげも
のびた♪

ある朝《あさ》、せかいはひっくりかえった
ある朝《あさ》、あくまもひっくりかえった
ある朝《あさ》、あくまは
いなくなって♪
そこには、
おとのさまがいたー♪

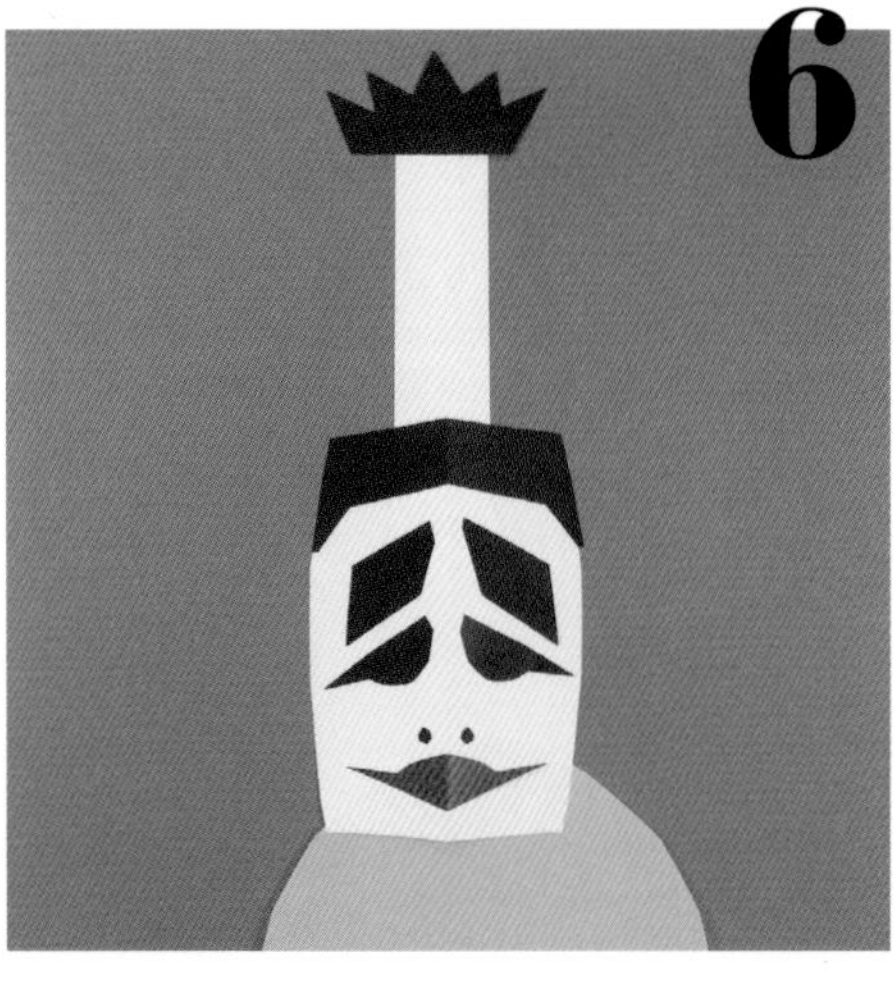

6

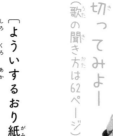

アンコール？
よっしゃ！　もう1きょく
いくでー

［よういするおり紙《がみ》］
みどり・赤《あか》・水色《みずいろ》・ピンク・
こいピンク・黒《くろ》を1まいずつ

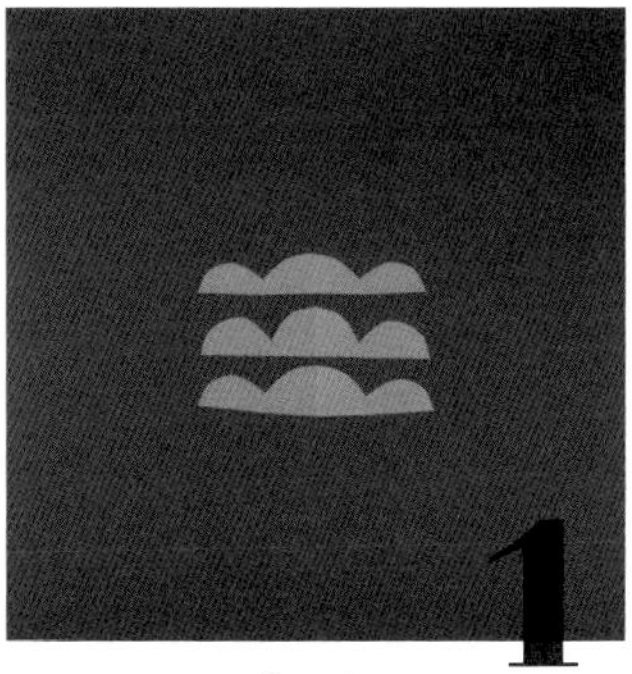

1

お山《やま》が3つ、
6つ、9つ♪

2

お山《やま》が
かじに
なっちゃっ
た♪

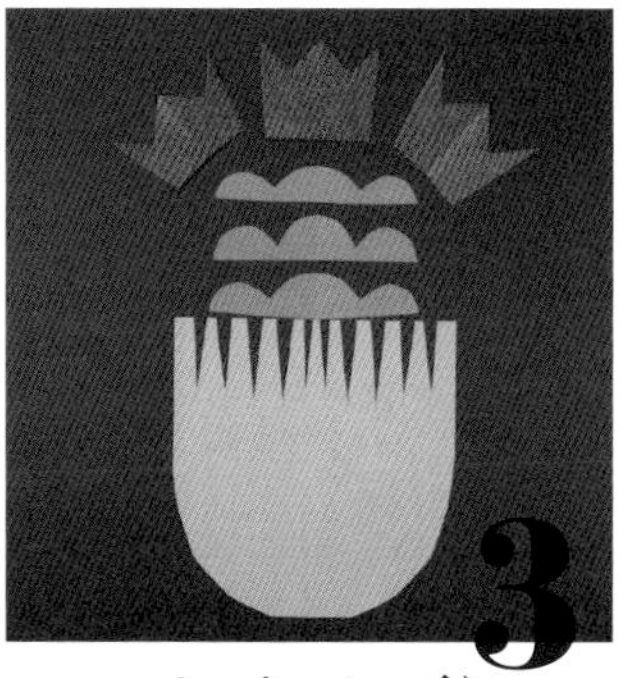

3

雨《あめ》がザーザー
ふってきて、
あー、
たすかった♪

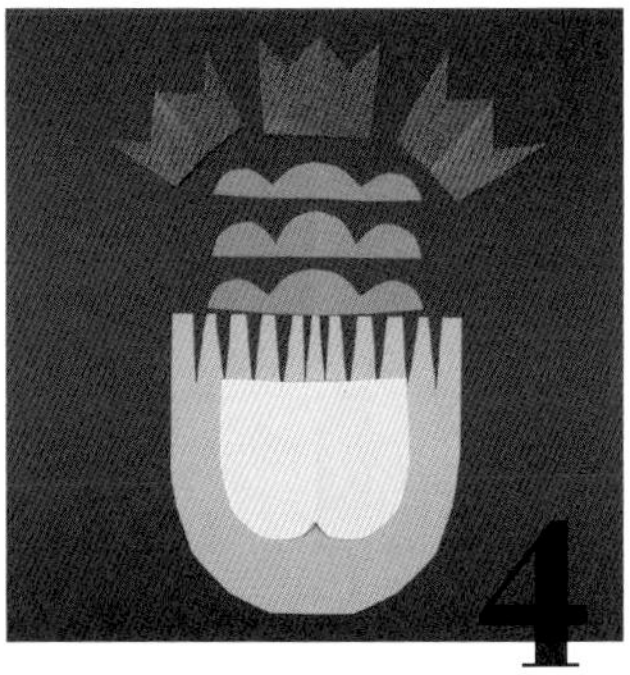

4

お池《いけ》にプカリ、
おしりかな♪

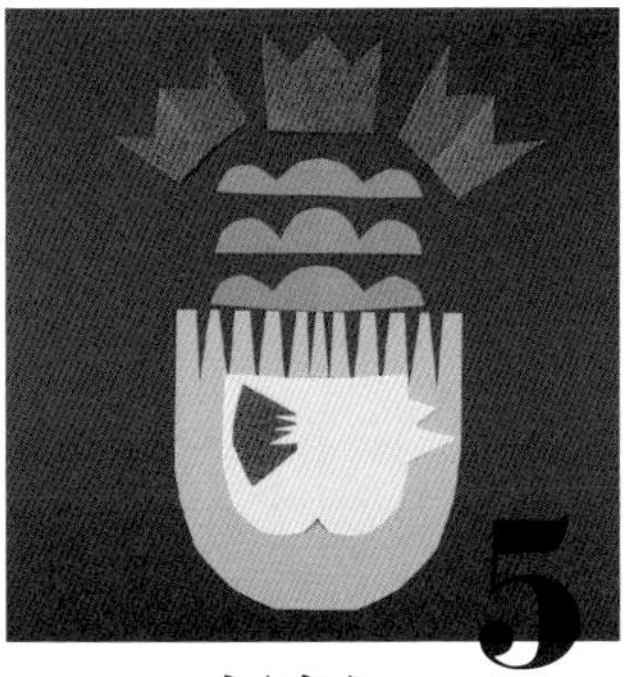

5

魚《さかな》かな？
金魚《きんぎょ》かな♪

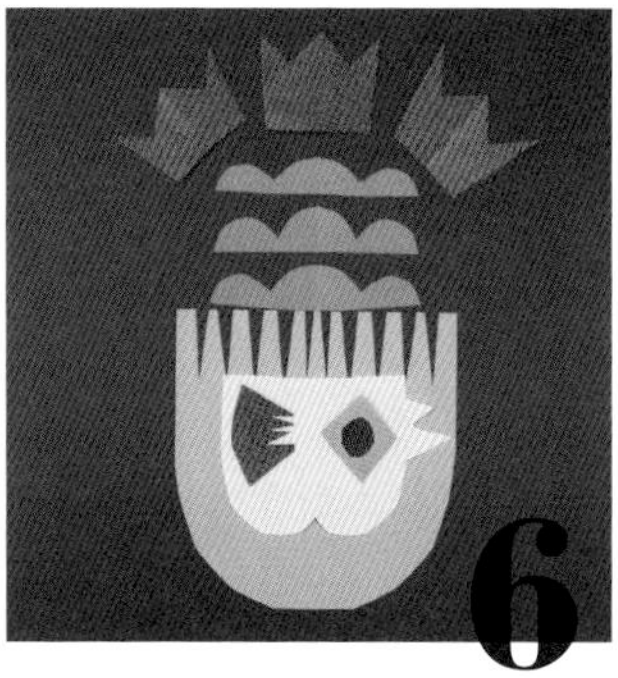

6

ひしもち？
ゲンゴロウだ♪

7

くるりと回《まわ》せば、
コロナたいさん、
アマビエさまー♪

切《き》り絵《え》歌《うた》を聞《き》いてみよう

60ページと61ページの切《き》り絵《え》歌《うた》は、
ユーチューブで聞《き》くことができるよ

チャンキーが歌《うた》いながら切《き》ってるえいぞうつきやから、
見《み》ながら、いっしょに切《き》ってみてー

おうちの人《ひと》にたのんで、
スマホやパソコンで見《み》てごらん

チャンキーといっしょにチョキチョキアワー
はじまるでー、はじまるよー♪
ミュージック、スタート！

作者紹介

チャンキー松本《ちゃんきー・まつもと》

香川県生まれの紙切り似顔絵師、絵本作家、イラストレーター。音頭歌手、ちんどんやの顔ももつ。手がけた絵本に、『たがやせ！ どじょうおじさん』（単著、あかね書房）、『まいごのビーチサンダル』（絵、あかね書房）、妻・いぬんことの共作に、『こけしのゆめ』（学研プラス）、『ちんどんや ちんたろう』（長崎出版）、『チェ・ゲバラ』（太郎次郎社エディタス）などがある。Eテレ「えいごであそぼwith Orton」の切り絵コーナー「CUT IT OUT!」、NHK連続テレビ小説『おちょやん』のタイトルバックや小道具制作など、テレビでも活躍中。

チャンキー松本の
チョキチョキ切りえ教室
シンプルなのにびっくりアート！

2021年5月1日 初版印刷
2021年6月1日 初版発行

作 チャンキー松本
撮影 猿田守一
装丁 アルビレオ
編集担当 漆谷伸人
発行所 株式会社太郎次郎社エディタス
東京都文京区本郷3-4-3-8F 〒113-0033
電話 03-3815-0605 FAX 03-3815-0698
http://www.tarojiro.co.jp/

印刷・製本 三松堂株式会社

定価はカバーに表示してあります
ISBN978-4-8118-0847-5 C8076

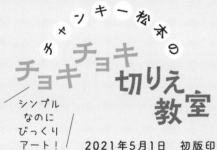

本の紹介

平林浩｜著　モリナガ・ヨウ｜絵　各｜B5判並製・128ページ・本体1900円＋税

［工作絵本］

キミにも作れる！

伝承おもちゃ＆おしゃれ手工芸

おもちゃもアクセサリーも、和皿や編みかごも、自分で作るとこんなにたのしい！ 身のまわりにあるさまざまなものを、とことん手づくりしてみよう。心をこめて作ったものは、きっと宝物になる。読んで作って、遊んで使って、発見とおどろきがいっぱいの工作絵本。

［作品例］虹がのび～る 虹色シャクトリムシ｜歩くだけで回る かるがる風車｜竹で作る紙玉鉄砲｜高速回転 紙バンドごま｜おしゃれビーズとんぼ｜種で作るひまわりブローチ｜指編みマフラー｜紙ひも編みかご……ほか。

［工作絵本］

作って遊んで大発見！

不思議おもちゃ工作

おもちゃが動くしくみを知れば、工作も遊びももっとたのしくなる！ 手品のようなおもちゃ、遊ぶのにコツがいるおもちゃ、実験をしながら遊ぶおもちゃ。おもちゃにつまった不思議の正体を、作って遊んで発見しよう。ドキドキ・ワクワクの工作絵本。

［作品例］マジック・カード 消えるんです！｜ぐいぐいのぼるよ のぼり人形｜引っぱってもぬけない かみつき紙へび｜松風おこす びゅんびゅんごま｜キラキラかがやく みょうばんツリー｜火打ち石で火を起こす……ほか。